U0077181

人人都能學會靠零股存千萬全圖解

《Smart 智富》真·投資研究室 ◎著

CONTENT 目錄

Chapter 3

選擇合適工具 事半功倍

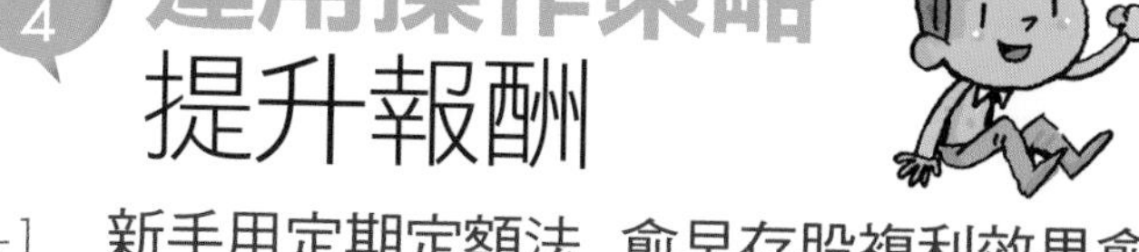

運用操作策略 提升報酬

搞懂股利政策 安穩收息

抓準出場時機 獲利入袋

 投資已是全民必備技能

近年來台股屢創高點，2019 年更是一舉突破 29 年的高點障礙，衝破 1 萬 1,500 點，市場看似熱絡，但是這班股市多頭的列車卻有許多投資人沒跟上，其中更絕大多數是年輕人。

事實上，年輕人不投資已經是市場的重大危機，這幾年來金管會等主管機關亦頻頻示警，因為這樣的狀況不僅不利台灣投資市場的結構健全，對於年輕人自身而言，事實上也成了另一種沉重的隱形壓力，因為不投資只將錢存在銀行，雖看似安全，但卻是在無形中被通膨持續地侵蝕，財富反而愈積愈少。因此除非你能接受你的未來愈來愈窮，否則投資已是全民都應具備的必要技能。

當下年輕人不投資的理由，最常聽見的是「本金少」。其實，除了少數有父母能靠的富二代，在普遍低薪的環境中，本金少是絕大多數剛出社會新鮮人的常態。然而，本金少絕對不是不投資的理由。

因為，本金少有本金少的投資方式，而「零股」就是一個對於小

資族很友善的投資工具。本來動輒數十萬元甚至是百萬元才能投資的優質股，只要利用零股，馬上就變得平易近人，就算是社會新鮮人也能投資好公司，當股東、領股利、享受股價的漲幅。

或許有人會說：「我才這麼一點本金，每個月只能夠存幾千元，1年也不過2萬元、3萬元，買零股能賺什麼？」這話乍看沒錯，買零股因為本金低，獲利一開始看起來自然不多、股利領起來也少，因此一開始存零股必定很無感。

但是時間是創造複利效果的最大利基，只要你投資起步早，並且持續不間斷，就會帶領財富累積進入快速轉動的正向循環，而且會愈轉愈快，等到獲利收割的時刻，你再回頭看，必定會很慶幸，當初做了這個決定。

以每年都能存下6萬元來看，若是你願意投資在殖利率5%的好股票上，光是領股利，每年再投入的本利和計算，15年就可以累積到135萬9,450元，這當中還不包括好股票股價、股利可能的成長。相較之下，若是當初只將資金放在銀行領取1.3%的年息，你也只能存到99萬9,526元，少賺了36%。

本書將是最適合所有社會新鮮人、小資族的零股入門工具書，完全從股市新手視角出發，帶領著你循序漸進，一步一步從認識零股開始，教會你所有關於零股開戶、下單、交易規則的大小事。

更教你利用精要、明確的財務指標，篩選好股並建立屬於自己的存股名單，並且設定投資策略來降低投資風險。畢竟，投資股票不像定存，投資風險須自負，可能賺錢當然也有可能賠錢，但只要利用正確的投資策略、紀律執行，就能將可控的投資風險降到最低。

投資真的沒有這麼困難，更多的投資障礙其實是存在自己的心中，突破自己的盲點，願意跨出投資的第一步才是最重要的。希望本書能成為你投資路上的第一個幫手，幫助你邁向財富自由的康莊大道。

《Smart 智富》真・投資研究室

建立正確觀念
打穩基礎

1-1 6大投資好處 適合年輕人、小資族

在低利、低薪年代，大家都知道要投資才能以利滾利，對抗通膨、放大財富。只是，「投資」兩個字說起來輕巧，但對於眾多小資族、年輕人來說，卻不是1件容易的事，往往只能想，卻無法做。

畢竟，以台股來說，好公司的身價多半都不便宜，以台股中最優等的台積電（2330）來說，現在每股股價已經突破300元（截至2019年11月5日為止），也就是說，想要買進1張台積電就必須要花費超過30萬元。而一般小資族、新鮮人每個月辛苦工作後，扣掉生活中大大小小等必要支出，能夠存起來的可能只有3,000元～5,000元，要1次拿出30萬元買1張股票根本做不到。

難道說，收入少的人，只能先慢慢存錢，才能投資嗎？其實只要透過「零股」投資，就算只有3,000元，你也可以買進台積電，當台灣半導體龍頭的股東！而且聚沙成塔，滴水成河，就算是透過零

股，只要能持之以恆，你也可以幫自己養出 1 隻金雞母。

零股是不足1張的股票

到底什麼是零股？「零股」，指的就是不足 1 張的股票。台灣股市的交易主要是以「張」為單位，而 1 張股票就代表 1,000 股，也就是說當 1 檔股票，例如台積電股價是 300 元時，買進 1 張就要花 30 萬元（300 元 ×1,000 股，詳見圖 1），資金要求相對高，許多小資族因此無法負擔，而被擋在股市大門之外。

但是零股交易打破股票交易 1 次要買 1 張的要求，交易股數降至

1 股～ 999 股之間，你可以選擇 1 次只買 100 股、10 股，甚至是 1 股，如此一來，投資資金的要求就減少很多，大幅降低了投資門檻。同樣以台積電來說，若買 10 股就只需要 3,000 元，不再是遙不可及的金額。因此，透過零股交易，就算是每月結餘不多的小資族，也可以開始投資股票，不再只能羨慕地看別人投資股票賺錢。

投資零股，綜合來說有以下幾點好處：

好處1》降低投資門檻，即時參與市場

就如同前面所述，許多優質股票，股價都不便宜，小資族、新鮮人要買不容易，但透過零股，就可以把投資金額降到 10 分之 1、百分之 1，甚至是千分之 1，就算是小資族也有能力買進股價高達 4,000 元的股王大立光（3008）。

可能有人會認為，只要錢存久一點，就可以直接買進整張股票，不用一點一點的買零股。理想上是這樣沒錯，但有時好股票的股價上漲速度其實遠超過你預期的存錢速度。當你錢還沒存夠，股價又已經上漲，你就只好繼續存錢，也一再錯過買進好股票的機會。

以台灣最大的食用油公司大統益（1232）為例，大統益是業績

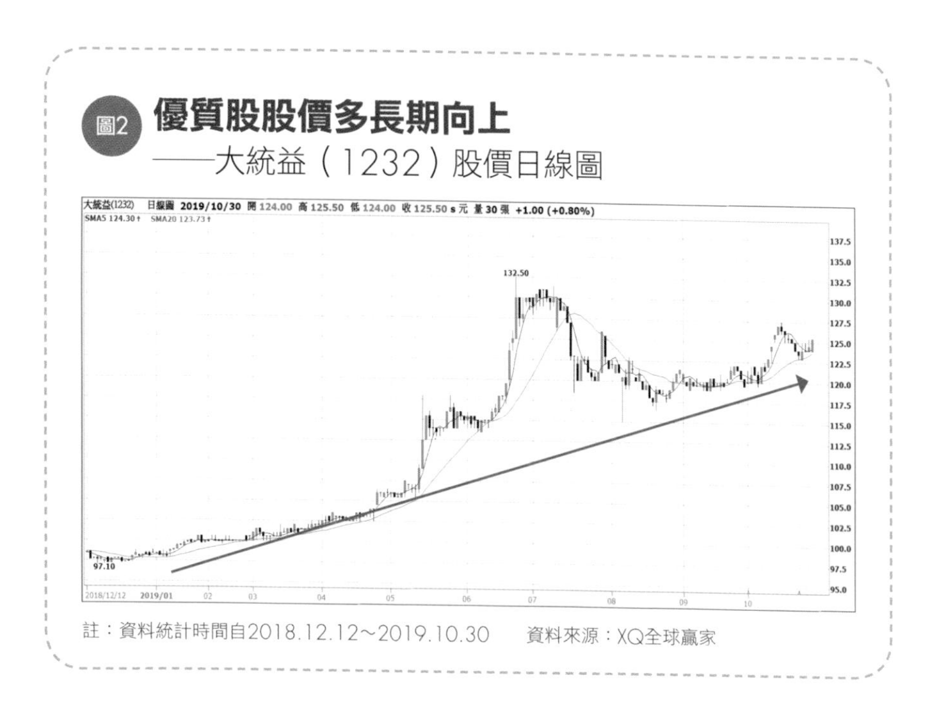

圖2 **優質股股價多長期向上**
——大統益（1232）股價日線圖

註：資料統計時間自2018.12.12～2019.10.30　　資料來源：XQ全球贏家

穩定、長期表現績優的公司，也是許多存股人喜愛的標的，因此大統益的股價也長期一路向上。

以 2019 年來看，1 月底時，大統益的股價為 98 元，至 10 月 25 日時股價已經漲至 124 元。也就是說，假設你在年初時，本來預計每個月存 1 萬元，存 10 個月後，就能有 10 萬元來買 1 張大統益，但隨著大統益股價節節攀升，到了 10 月你雖然存夠了 10 萬元，大統益股價卻也已經漲上去，需要 12 萬 4,000 元才能買 1

張（詳見圖 2），想買大統益你就必須繼續存下去，但你也錯過了這段期間大統益的漲幅和已經發放的股利。相對地，如果你在一開始就利用零股投資的話，就能夠即時參與市場，早領股利、享漲幅。

好處2》分散投資標的，降低整體風險

對於手邊錢不多的小散戶而言，存錢買 1 張股票除了可能要存很久，到了終於存到錢的時候，很有可能也只能買 1 檔股票，等於把雞蛋放在同一個籃子裡，所有投資資產都跟著 1 檔股票漲跌起伏。

假設你花了半年存了 2 萬 5,000 元的投資本金，可能頂多只能買 1 張股票，例如中鋼（2002），等於將所有投資風險都集中在中鋼 1 檔股票上。但是如果透過零股投資的話，就算只有 2 萬 5,000 元，也可以分別買進數家公司的股票來分散風險，例如買進 150 股遠傳（4904）、50 股全家（5903）、130 股中鋼（詳見圖 3），這樣一來，就算有 1 家公司股價大跌，也不至於讓你整體投資損失太慘重。

好處3》分批布局，避免套牢窘境

當可用資金沒有這麼多的時候，若選擇買進 1 整張的股票，往往

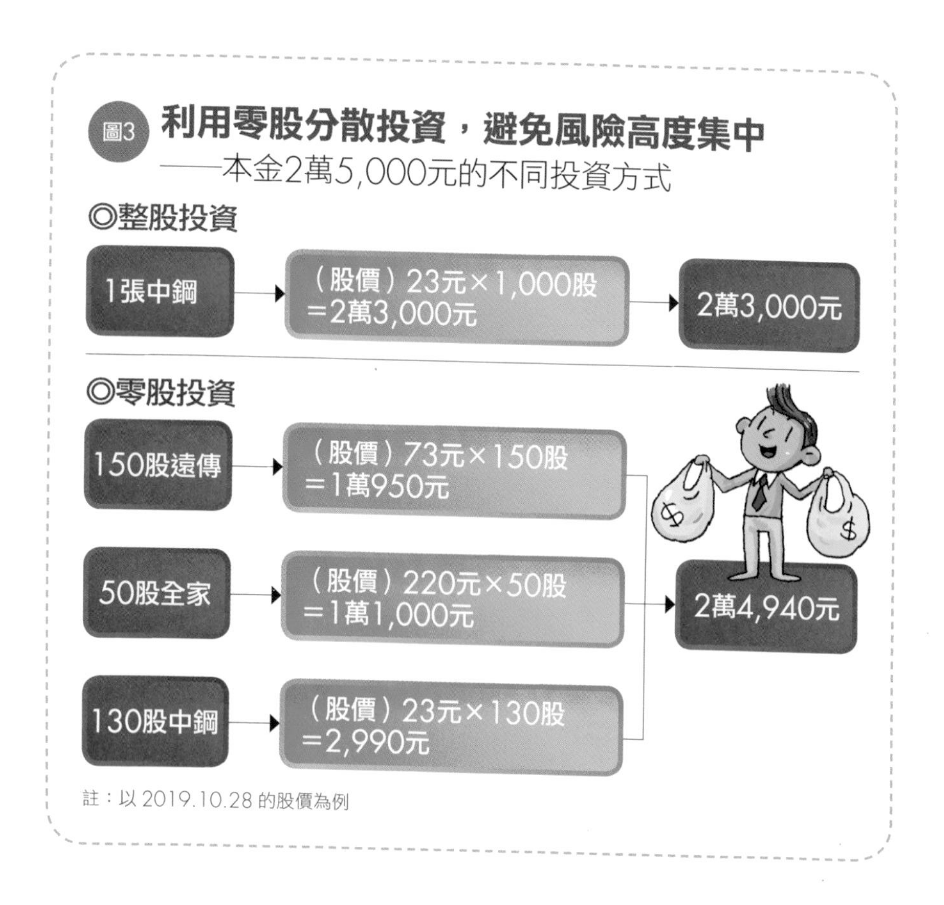

圖3 利用零股分散投資，避免風險高度集中——本金2萬5,000元的不同投資方式

1 次就把投資資金都耗盡。若不小心買在高點的話，更增加了投資風險，因為一旦股價開始下跌，就算你看好後市的反彈或是股價上漲潛力，想要加碼攤平成本多半也有心無力。

但若從零股著手，你就可以不用 1 次將資金全數進場，而是可以

註：資料統計時間自2010.01～2019.09　資料來源：Stock-ai

分批布局，將原先存好的錢分散多次買進。這樣做的好處是，就算一開始買在高點，一旦股價下跌，你也還有本錢可以進場攤平，持續執行就能達到平均成本的效果，不至於被套在最高點。

好處4》股利更勝定存利息，報酬率高

在現在這個薄利時代，將錢存在銀行年利率頂多 1.3%（編按：2019 年 10 月台灣中小企銀提供 2 年期定存機動利率 1.3%，為

定額投資台股，長期報酬大勝定存

——定存、定額投資台股期末本利和比較

時間	每年年初定存 6 萬元（年利率 1.3%）	每年年初定額投資台股 6 萬元（殖利率 5%）
5 年	31 萬 1,905 元	34 萬 8,115 元
10 年	64 萬 4,617 元	79 萬 2,407 元
15 年後	99 萬 9,526 元	135 萬 9,450 元

註：定額投資台股累積金額不計股價漲跌幅，包含股利

市面上最高利率），相較之下，台股上市公司在 2019 年 9 月的殖利率平均卻有 4.24%，多出將近 3 個百分點。

從長期水準來看，2010 年以來台股上市公司殖利率絕大多數時間都在 3.5% 以上（詳見圖 4），代表只要挑對穩健發放股利的好股，比起資金放在銀行領取不到 1.3% 的利息，存零股領股利每年就可以多賺好幾倍利息。

事實上，根據統計，台股中 5 年平均殖利率超過 5% 的公司，在 2019 年 10 月就有 395 家之多！若是投資時間拉長，則將錢放在銀行，和投資穩定發放股利的好股，兩者之間累積的財富差距將會

表2 花1523元，首年即換到價值1365元的紀念品

股票名稱	股票代碼	2019.01.02 收盤價（元）	股東會紀念品
佳必琪	6197	26.95	35 元 7-11 咖啡卡
建舜電	3322	14.50	
競國	6108	25.70	
協易機	4533	10.95	
昇貿	3305	18.95	
笙泉	3122	15.25	
新復興	4909	19.15	
東捷	8064	16.85	
奇偶	3356	29.25	
環宇-KY	4991	53.10	
和椿	6215	14.30	
商丞	8277	6.15	
兆利	3548	59.20	
英格爾	8287	3.86	
聯穎	3550	16.05	
醣聯	4168	22.80	
首利	1471	4.99	
宏齊	6168	12.80	
久元	6261	40.05	
中探針	6217	19.00	
華上	6289	1.18	35 元全家商品卡

──2019年39家上市公司股東會紀念品清單

股票名稱	股票代碼	2019.01.02 收盤價（元）	股東會紀念品
太 極	4934	5.04	35 元全家禮物卡
廣 運	6125	8.94	
仲 琦	2419	19.50	
智 捷	8176	10.75	
奧斯特	8080	4.15	
上 詮	3363	30.45	
華信科	3627	26.35	
立 碁	8111	9.80	
進 階	3118	28.30	
力 致	3483	26.85	
台 驊	2636	24.40	
新日光	3576	7.84	
昇 鋭	3128	13.80	
居 易	6216	27.65	
風 青	2061	9.60	
湧 德	3689	26.80	
普 誠	6129	6.87	
欣 技	6160	24.15	35 元便利商店商品卡
各買 1 股，合計交易手續費，成本 1,523 元			總計 39 張，價值共 1,365 元

資料來源：撿股讚、證交所

更為顯著。舉例來看，若每月能夠存下 5,000 元，1 年就能夠有 6 萬元資金，將這 6 萬元放在定存，每年領 1.3% 的利息，跟利用這 6 萬元來買進 5% 殖利率的股票，每年領股利並再投入經過 15 年之後，累積起來的財富相差將近 36 萬元呢（詳見表 1）！

好處5》利用零股試手感，了解操作眉角

許多人因為本金不夠，多認為就算投入股市，獲利也不高，因此會等存夠本金再進場。但你若是股市新手，初入市場風險控管能力尚不足，一旦市場出現意外風險，你的應對策略不夠完善，就容易進退失據，本想要透過大筆本金換取高獲利，卻有可能反因此換來高虧損。

因此建議新手一開始可以利用零股作為學習股市投資的試金石，藉此了解市場的各種眉角，以及操作因應策略，也感受一下自己對於市場波動的真正承受度。

好處6》低成本領股東紀念品，回本速度快

零股投資 1 個額外的樂趣，就是只要利用少少錢當股東，就可以領取股東專屬的紀念品，而且只要持股不賣，就可以年年領。再者，

許多股東會的紀念品都是相當實用也有價值的物品，領回自用，不無小補。更有許多人專門買零股就是為了換紀念品，換算報酬率出乎意料地高！

以目前上市公司相當流行的股東會紀念品「超商 35 元商品卡」換算，2019 年約有 39 家上市公司股東會紀念品為「超商 35 元商品卡」，若你選擇在 2019 年 1 月的第 1 個交易日將這 39 家公司以收盤價各買進 1 股，交易手續費以 20 元計算的話，共花費 1,523 元，至股東會時總共可以換得 39 份超商 35 元商品卡，價值 1,365 元（詳見表 2），光是第 1 年就差不多要回本了，第 2 年以後領的都算是賺到了！

1-2 從開戶到下單 新手必學事項

對零股投資心動了嗎？是否也迫不及待想開始靠著存零股來領股利呢？接下來，本書將帶著你從認識股票開始，一步一步教你如何開戶、了解交易規則、下單買賣股票到完成交易，讓你 1 次搞懂買賣零股所有的事！

股票，就是一種有價證券。當 1 家公司有資金需求時，例如：公司要買設備、建廠房、擴大業務，就會透過發行股票來募集資金，投資人持有股票就代表擁有這家公司的股份，成為這家公司的股東，若是這家公司賺錢，未來就可以分享公司成長所帶來的利潤（詳見圖 1）。

存零股，就是希望可以透過買進營運穩定、持續獲利公司的股票，領取該公司每年配發的股利。以利滾利，小錢也能積少成多，放大財富。

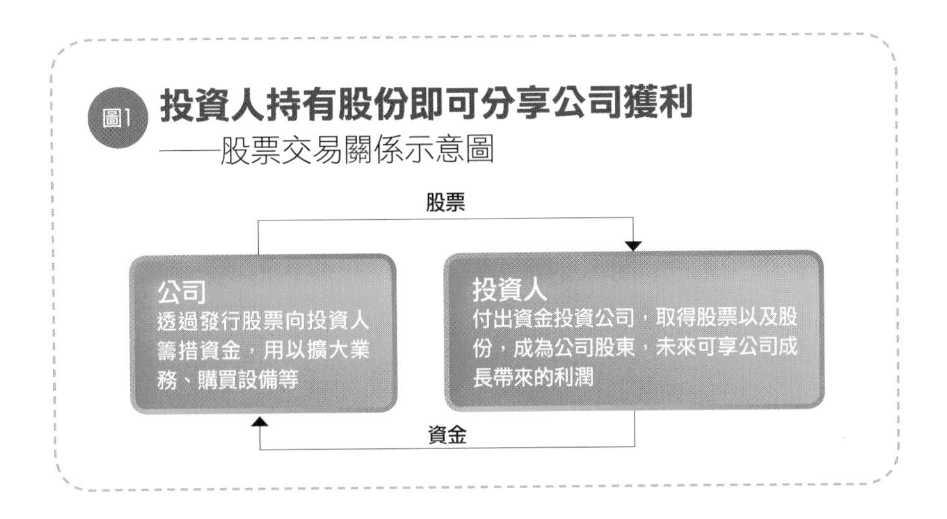

開戶》綜合考量方便性與下單優惠

股票、零股要去哪裡買呢？1股1股跟公司買還是私下跟股東買呢？當然不是！目前台灣所有的上市股票交易都是統一由台灣證券交易所提供平台，由電腦自動撮合交易，形成股票交易市場。一般投資人並不能直接買賣股票，想要參與股票交易必須透過證券商幫忙下單，由證券商擔任中介者的角色，才能在證交所的交易平台撮合成交（詳見圖2），而非自己捧著資金到證交所交易。

因此，想要買股票，首先就是要先開1個證券戶！台灣目前共有72家證券商可以提供投資人選擇，投資人可以綜合方便性和下單優

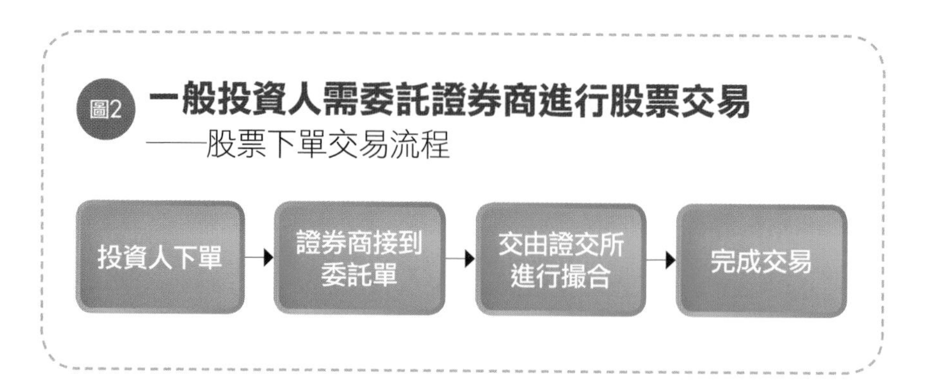

惠兩大方面來考量，其中又應以零股下單的優惠為先（詳見圖 3）。

「方便性」可以分為 2 點：1. 最好是以離家、公司較近的證券商優先，這樣要簽署文件、辦理手續會比較方便，未來若有要臨櫃辦理的業務，才不至於跑太遠。2. 以配合手中銀行帳戶作為交割帳戶的證券商優先，所有證券交易都需要 1 個交割帳戶，未來股票買賣的金流都會透過此交割帳戶進行。當你要買股票時，錢會從這個交割帳戶扣款；賣股票時，賣出的金額也會進入這個戶頭。若能直接利用手中現有的銀行帳戶作為交割帳戶，那麼你在開證券戶時，就不用再重新開 1 個銀行帳戶，只要和證券商約定好，將原本的銀行帳戶作為交割帳戶即可。

「下單優惠」則是可以考量證券商提供的手續費折扣。在買賣股

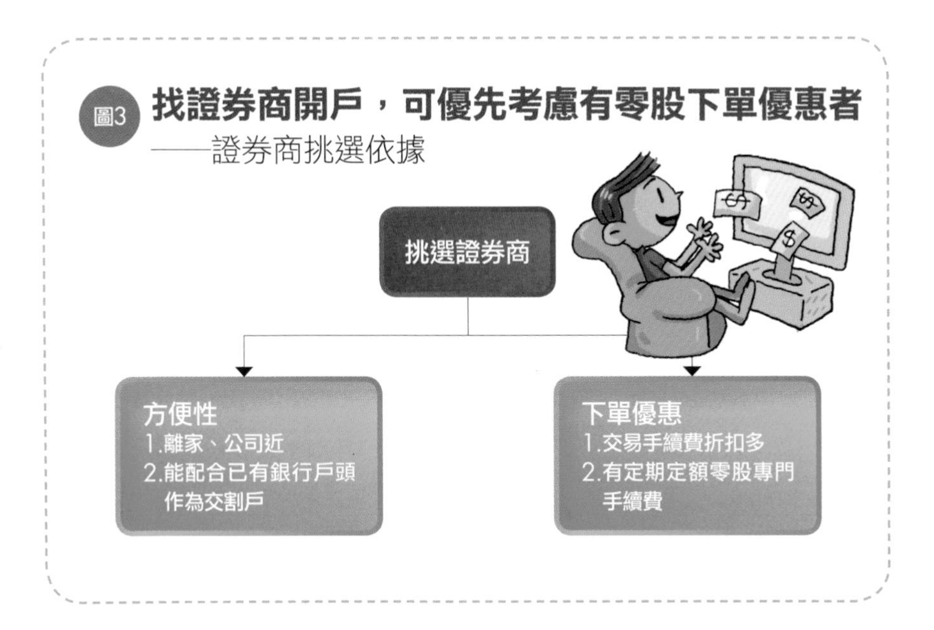

票時，證券商都會向投資人收取手續費，金額雖不高，但長期交易累積下來也是 1 筆不小的錢，因此若能少付一點當然最好。現在證券商家數眾多，競爭激烈，為了爭取客戶，都會祭出交易手續費打折的優惠，特別是利用電子下單方式，常可享最多的優惠，甚至有許多券商為了鼓勵大家買零股，推出定期定額買零股最低手續費只要 1 元的優惠。

要開證券戶，要先準備好雙證件（身分證及另 1 張附有照片的身分證件），再至證券商臨櫃開戶，或是利用證券商網頁、手機 App

目前已有15家證券商提供線上開戶功能
——開放線上開戶證券商清單

項目	證券商
開放線上開戶證券商	國泰證券、中國信託綜合證券、永豐金證券、元富證券、國票綜合證券、華南永昌綜合證券、群益金鼎證券、兆豐證券、玉山證券、台新綜合證券、富邦證券、合庫證券、凱基證券、日盛證券、統一證券

線上開戶。為便利投資人開戶，目前已經有 15 家證券商開放線上開戶（詳見表 1），讓投資人不用出門也可進行開戶。

完成證券戶開戶後，投資人會擁有 2 本存摺，1 本為「證券集保帳戶」，用以記錄股票進出交易、目前持有股票的庫存；另 1 本則為「銀行交割帳戶」，如前述所說，未來所有股票的金流交易，舉凡買賣、現金股利、公司減資等金額都會進入這個帳戶。

在證券戶開戶後就可以買賣零股囉！首先，要弄清楚股票交易的規則，依據目前台灣股市現行制度，股票只有在集中市場開市的時候才能交易，也就是星期一到星期五，而星期六、日以及國定假日時則休市不交易。

零股13：40開始交易下單，14：30收盤時撮合
——整股、零股交易事項比較

股票單位	整股	零股
可委託下單時間	8：30 開始	13：40 開始
交易時間	9：00 ～ 13：30	13：40 ～ 14：30
撮合頻率	盤中隨時撮合	14：30 收盤時撮合
最小交易單位	1 張（1,000 股）	1股（最多至999股）
成交金額	交易價金 × 張數 ×1,000 股	交易價金 × 股數
漲跌幅限制	以前一日收盤價格為準，上下 10% 為漲跌幅限制	

股市在每個交易日 9：00 開盤，直到 13：30 收盤，這段時間是普通交易的時段，買賣股票都是以「1 張」為單位，隨時撮合成交；以「1 股」為單位的零股交易，則在每天收盤之後的 13：40 ～ 14：30 下單，並於 14：30 撮合（詳見表 2）。

下單》使用網路交易便利又可享手續費折扣

接著，就是要了解怎麼下單了。目前下單方式共有 4 種：1. 臨櫃下單，也就是本人親自到證券公司下單。2. 電話下單，打電話到證券商委託營業員下單。3. 語音下單，撥電話至證券商的語音系統下單。4. 網路下單，利用網路登入證券商網頁或是手機 App 下單（詳見圖 4）。

這 4 種方式中，目前一般投資人最常使用也最方便的投資方法，就是利用網路下單了。畢竟現在網路普及，又幾乎人手一機，使用網路下單就可以不受限制，隨時隨地進行多筆下單交易。且隨著網路科技發展，現在券商的 App、交易系統也開發出許多更貼近使用者需求的功能，例如建立觀察名單、股票價位到價提醒、查詢股利資訊等。而且由於網路下單不需要人力幫忙，證券商的人力成本負擔相對降低，因此也願意提供網路下單的投資人更多的手續費優惠，藉此鼓勵大家多用網路下單。

零股交易，可以從前 1 個交易日 14：30 後，就掛隔日的預約單。在下單時必要的資訊是：股票的名稱或是股票代碼、預定的買進價格，以及想要買進的股數（1 ～ 999 股）。

付款》交易後2日內務必匯足金額交割

股票買賣是 1 種先收貨後付款的行為，意即成功買到股票之後，股票就會馬上出現在你的集保帳戶中，但其實此時你還沒付錢，也就是尚未支付交割的費用。買股票後，什麼時候要付錢呢？答案是，

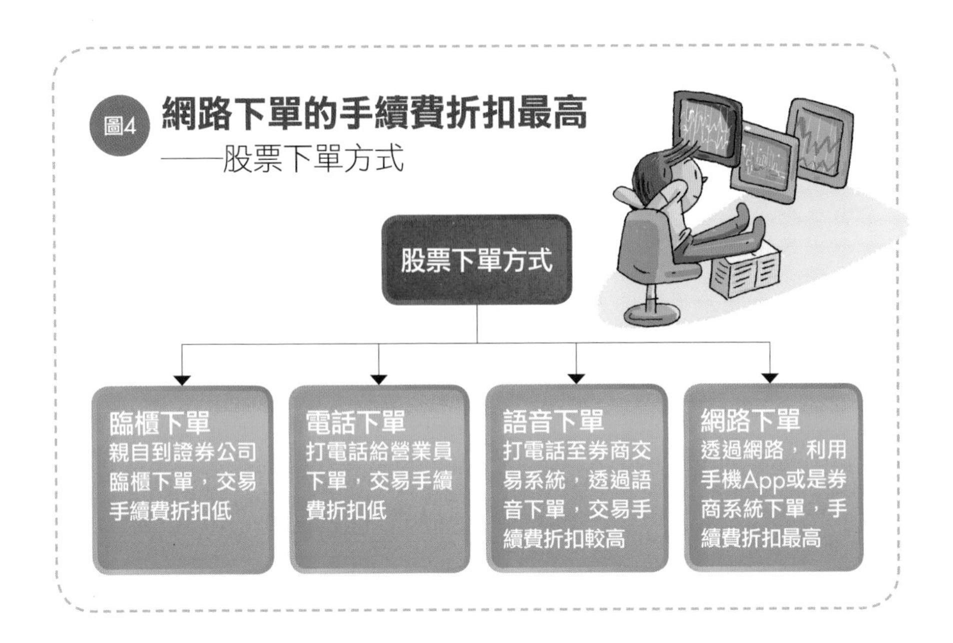

股票交易日後的第 2 個營業日！

市場上，將交易成功的當日稱為「T 日」，你必須在「T + 2 日」的 10：00 之前將買股票的款項（連同手續費）匯入交割帳戶，如此一來才能成功扣款，扣款完成後才算是真正完成股票交易（詳見圖 5）。同樣地，賣股票時，也是會在成交後馬上喪失股權，等到「T + 2 日」，賣股的款項才會匯入交割帳戶中。

特別要注意的是，買進股票千萬要記得在「T + 2 日」10：00

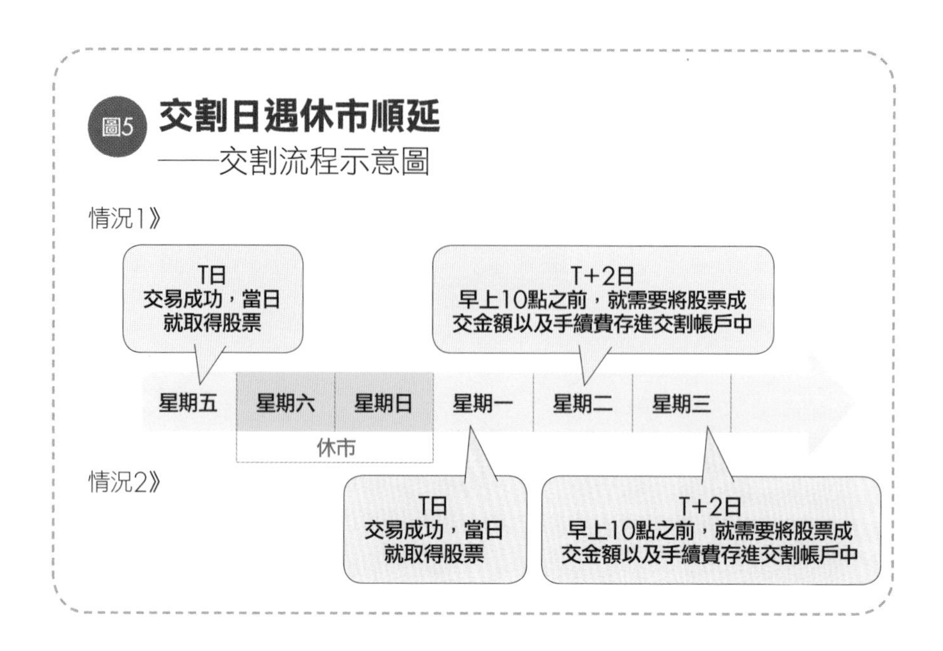

前將足夠的交割金額匯入交割戶頭中。一般來說，要是你戶頭的交割金額不足，營業員都會趕在交割期限前來電提醒，如果過了交割期限之後，交割帳戶內的金額仍然不足，這筆交易就會變成「違約交割」。

違約交割是股票交易的大忌！不僅犯法，也會影響個人的信用評等。根據「台灣證券交易所股份有限公司證券經紀商受託契約準則」，一旦違約交割，在民事方面，證券商可以向你收取成交金額的 7% 作為違約金，甚至可以賣掉你戶頭中的持股來償還違約債務或金額，甚至是註銷交易帳戶。

若是違約交割情節重大，影響股票市場秩序，甚至有可能面臨 3 年以上、10 年以下的刑責。零股交易金額雖然相對較小，不至於嚴重到影響股票市場秩序，但是仍應小心為上。況且一旦有違約交割紀錄，就會在聯合徵信系統上留下不良紀錄，未來恐怕會影響信用評等，而無法開辦其他證券帳戶或是不利於向銀行辦理各項貸款業務，如可貸金額降低，甚至無法貸款等，不可不注意！

圖解教學　使用手機證券App下單零股

此處以元富證券的「元富行動達人手機證券App」為例，示範如何利用手機證券App下單交易。首先，進入App首頁之後，點選❶「交易帳務」後，進入下1個畫面之後繼續選擇❷「證券下單」。

STEP 2

以想要購買台積電（2330）零股為例。進入下單頁面後，要依序輸入台積電股票代碼❶「2330」，並在交易選項中選擇❷「零股」，種類選項維持❸「現股」，買賣選擇❹「買進」，單位則輸入❺想要購買的股數，可直接輸入數字或是按旁邊的加減符號，最後輸入❻預計買進的價格，按下❼「下單」，會跳出委託確認頁面，確認資訊無誤後，再按下❽「委託下單」即完成下單。

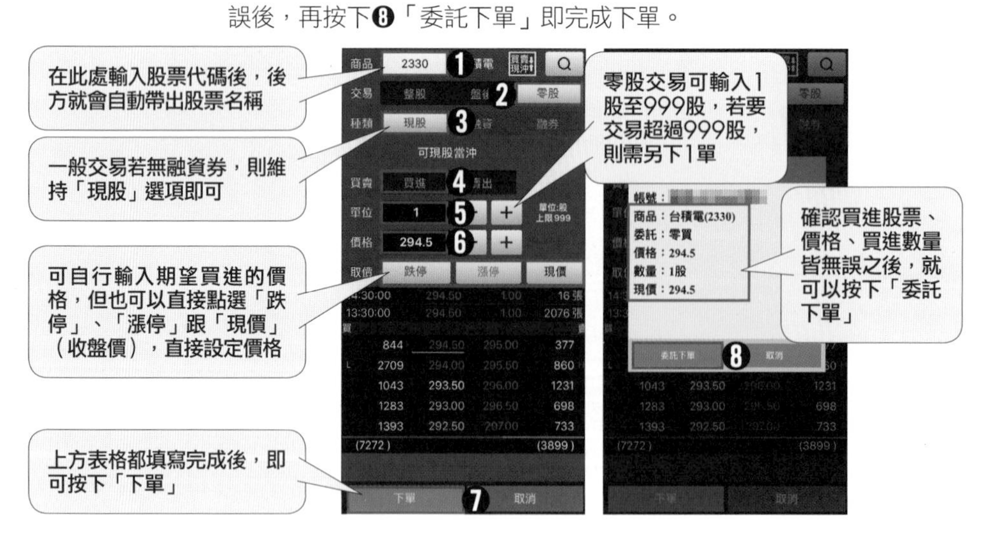

STEP 3 若是想要確認是否已經成功下單，或是查詢下單是否成交，就可以在回到首頁後同樣點選「交易帳務」，利用❶「證券－委託回報」來確認成交結果。若是提早掛了預約單也可以利用❷「證券－預約單查詢」來確認是否下單成功。

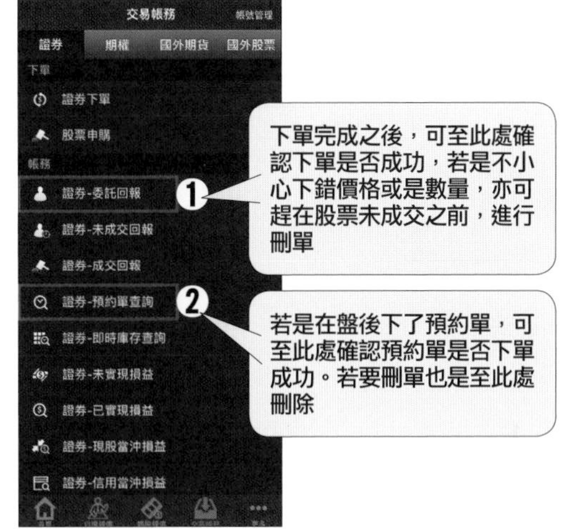

資料來源：元富證券

1-3 精算交易成本 避免侵蝕投資獲利

小玫畢業工作半年後，終於存下錢開始買零股投資，但是成交完第 1 筆之後，她卻滿腦子疑問：「是不是被扣錯錢了？為什麼我明明只買 2 萬元的股票，證券商卻從我的戶頭扣超過 2 萬元？」其實，證券商沒有扣錯錢，而是小玫忽略了股票的交易成本！

買賣股票，無論是零股或是整張交易，除了需要支付成交價金之外，還要繳交付給證券商的「手續費」與被政府徵收的「證券交易稅」（證交稅），這兩樣費用加起來就是股票買賣時的成本（詳見圖 1）。

手續費》買賣股票都要付給證券商

在目前的台灣法令規定之下，投資人要買賣上市櫃股票都要透過證券商作為中介，不能直接交易，而證券商既然作為提供股票交易

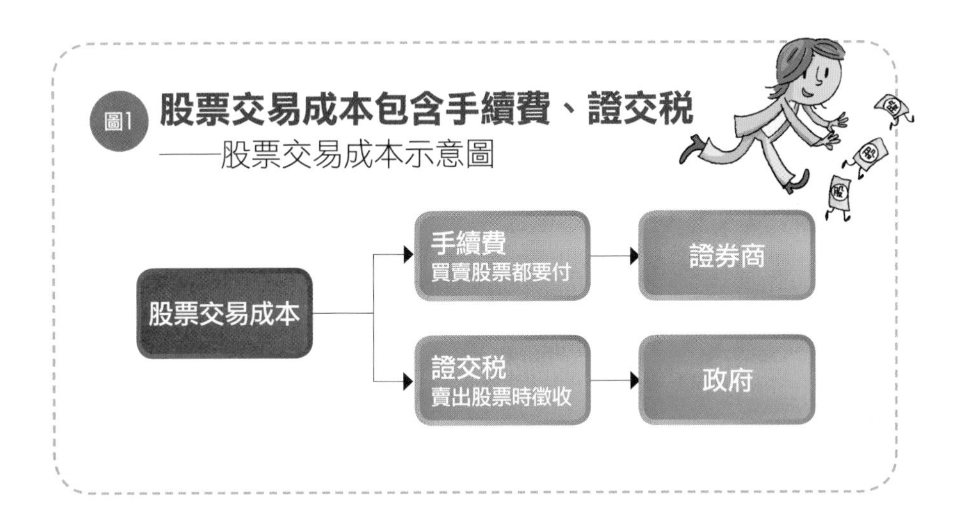

服務的中介者，就會向投資人收取交易手續的費用。當前規定，證券商最高可以向投資人收取每筆交易成交金額的千分之 1.425 作為手續費，小數點以下則無條件捨去（詳見圖 2）。

無論買進或是賣出都要支付手續費。買進股票後，證券商會在交割時一併收取手續費，因此若是交割時未將手續費連同價金一起支付，就會被視為交割金額不足夠，無法完成交割，而成為違約交割。

證交稅》賣出股票才要繳交給政府

至於證交稅，則是只有在賣出股票時，才需要繳交，買進股票時

交割時需將手續費連同價金一併支付

——買進股票交易成本計算公式

買進手續費 = 成交金額 × 成交股數 × 公定手續費率 0.1425%

範例試算

假設你要以200元買進100股全家（5903）股票，那麼你要準備的交割金額如下：

買進金額＝成交金額200元×成交股數100股＝**2萬元**

買進手續費＝成交金額200元×成交股數100股×公定手續費率0.1425%＝**28元**（小數點無條件捨去）

買進後要支付＝2萬元＋28元＝**2萬28元**

則不用。目前證交稅是以成交金額的千分之 3 收取，小數點以下同樣無條件捨去。跟手續費一樣，證交稅不用投資人另外自行繳交，而是在賣出股票時，連同手續費一併被收取。也就是説，股票賣出金額要減去手續費跟證交稅之後，才會是實際入帳的金額（詳見圖 3）。

圖3 扣除手續費和證交稅，才是實際入帳金額
——賣出股票交易成本計算公式

賣出手續費 = 成交金額 × 成交股數 × 公定手續費率 0.1425%

範例試算

假設你同樣要以200元賣出100股全家股票，那麼交割帳戶收到的金額如下：

賣出金額＝成交金額200元×成交股數100股＝**2萬元**

賣出手續費＝成交金額200元×成交股數100股×公定手續費率0.1425%＝**28元**（小數點無條件捨去）

證交稅＝成交金額200元×成交股數100股×證交稅率0.3%＝**60元**（小數點無條件捨去）

賣出後會收到2萬元－28元－60元＝**1萬9,912元**

股票投報率0.585%以上，才真正開始獲利

弄清楚交易成本的規則，我們才能了解投資的報酬會被交易成

表1 股票買賣總成本約為成交金額的0.585%
——買賣股票總成本計算公式

成本	手續費	證交稅
買進	成交金額 ×0.1425%	無
賣出	成交金額 ×0.1425%	成交金額 ×0.3%
買賣總成本	**成交金額 ×0.585%** （買進成交金額 × 手續費 0.1425% ＋賣出成交金額 × 手續費 0.1425% ＋賣出成交金額 × 證交稅 0.3%）	

註：假設買進、賣出都為相同價位

本侵蝕多少。1 次股票交易，我們總共要付出約為股票成交金額的 0.585% 作為交易成本（詳見表 1）。這個數字代表，你的股票投資報酬率要達到 0.585% 以上，才算是真正開始獲利，否則你還只是在支付交易成本而已。換言之，只要你的投資報酬率不及 0.585%，那麼就算賣出價格比買進價格高，表面上看似沒賠錢，但實際上你仍會因為交易成本而虧損（詳見圖 4）。

雖然手續費跟證交稅的費率都是千分之幾，看似微不足道，但投資股票就是希望能夠獲利，買賣股票所付出的成本無論多少都會侵蝕獲利，而且積少成多，長期累積下來也是 1 筆不小的費用，因此交易成本當然是愈低愈好！

即使賣出價格比買進價格高，仍可能虧損

——買賣股票總盈虧計算公式

總盈虧 ＝ 賣出金額 － 買進金額 － 買賣總成本

範例試算

假設你當初買進價值3萬元的股票，但之後股票總值只有微幅增加100元，你失去信心而想要賣股，表面上股價上揚了，但你實際上到底是賺是賠？

買進成本 ＝手續費＝3萬元×0.1425%＝**42元**（小數點以下無條件捨去）

賣出成本＝手續費＋證交稅＝（3萬100元×0.1425%）＋（3萬100元×0.3%）＝**132元**

買賣總成本＝42＋132＝**174元**

總盈虧 ＝賣出價值3萬100元－買進價值3萬元－總交易費用174元＝**虧損74元**

想壓低股票交易成本，可從券商手續費著手

交易成本要怎麼壓低呢？由於證交稅是政府稅收，沒有打折的空間，因此若想壓低股票交易的成本，就只能從證券商手續費著手。

如 1-2 所介紹，台灣現在有超過 70 家的證券商，競爭非常激烈。

生存不易之下，證券商為了爭取客戶，多會祭出交易手續費打折的優惠，且特別是針對網路、電子下單客戶，所給予的折扣最為優惠，多數都至少有 6 折，甚至可能低到 2.8 折。

根據《Smart 智富》真．投資研究室調查，目前市面上針對電子下單折扣最為優惠的證券商是新光證券，打 2.8 折（詳見表 2），也就是原先要 100 元的手續費，經過折扣後只收取 28 元，省下高達 72 元，長期累積下來就可以多買好幾股零股了。

但要提醒的是，證券商給予的手續費多是採用月退制，也就是說，下單交割時，證券商仍會先扣款交易價金的千分之 1.425 作為手續費，等到月底時才會將你本月所有交易的手續費 1 次結算後，將折扣優惠金額在下 1 個月時退還至你的戶頭。

目前也有部分證券商是採用日退制，也就是說，當天就會將折扣後的手續費退回，與月退制在總優惠金額上沒有差別，但是會造成交割帳戶的現金流量差異，短期內交易較頻繁者要特別留意，相關優惠務必事先跟證券商確認。

而證券商雖會給予手續費優惠折扣，但多設有 20 元的門檻。也就是說，經過打折之後，單筆手續費即使低於 20 元，證券商還是

券商最優惠折扣下殺2.8折
——券商電子下單折扣數清單

證券商	電子下單折扣數	單筆最低手續費限制
新光證券	2.8 折	20元
亞東證券	3 折	20元
台新證券	3 折	20元
大昌證券	3 折	15元
犇亞證券	3 折	8元
台銀證券	3.5 折	20元
土銀證券	3.5 折	20元
致和證券	4.38 折（若使用手機下單，可享3折）	20元

註：1. 資料統計時間至2019.10.31；2. 下單折扣優惠隨時可能調整，請以各券商最新公告為准；
3. 統計只列入優惠折扣高於 5 折以上券商
資料來源：各證券商

會收取 20 元。

零股投資人要特別留意這 20 元的門檻，不然一不小心手續費率算起來就會變得很高。因為零股最小的交易單位是 1 股，如果買的太少、交易金額太低，但證券商仍是收 20 元手續費的話，手續費成本占整體投資的比率就會變得很高。

舉例來說，若是A股票每股價格是100元，但你1次只買進2股，成交金額是 200 元，以手續費率 0.1425% 打 6 折來計算，則計算出來的手續費僅為 0.171 元，但是因為未滿 20 元，因此券商還是會收取最低手續費 20 元。如此一來，你的手續費率實際上反而高達 10%（20 元 /100 元 ×100%）。

為了不要讓太高的交易成本侵蝕零股投資的獲利，你有 2 種方式，1 種是選擇最低手續費門檻較低的證券商，另 1 種則是要提高下單的金額，避免成交金額太低，才能盡量讓手續費率維持在最低。但究竟至少要交易多少金額才划算呢？可以利用以下公式來計算：

最划算成交金額＝最低手續費 20.99 元 ÷ 手續費率 0.1425%÷券商手續費折扣（因手續費計算方式為無條件捨去，故最低手續費取最接近 21 元的金額）

我們以常見的證券商手續費 6 折來試算的話，則最划算的成交金額就是 2 萬 4,550 元（20.99 元 ÷0.1425%÷6%，無條件進位），若是成交金額在此之上，就可以維持在最優惠的手續費率。

目前市面上最低單筆交易手續費為犇亞證券，零股交易投資人不妨參考。而現在為鼓勵零股投資，已有多家證券商為零股定期定額投資推出單筆交易手續費只要 1 元的優惠，詳細介紹請見 4-1。

1-4 掌握出價技巧 提升交易成功率

經過前面幾篇的介紹後，相信各位大概也對零股有了基本認識。但這時新手投資人勢必會感到疑惑：與整股不同交易方式的零股，該如何出價才合理呢？出價時又該注意什麼呢？這 1 節，就帶你來認識該如何設定零股出價，才能提高成交成功率。

以「股」為單位，整股收盤後才能交易

如前幾篇所述，零股的交易時間與整股不同。每個交易日的 9：00 ～ 13：30，為整股的交易時間，又被稱為「盤中交易」，此時的股票買賣是以「張」（1,000 股）為單位（詳見圖 1）。

而零股的買賣時間，則是在 13：40 ～ 14：30，這段時間內都可以下單買賣。每次下單的單位為 1 ～ 999 股。超過 1,000 股，系統會自動提示錯誤，並且無法繼續下單（詳見圖 2）。若是想要

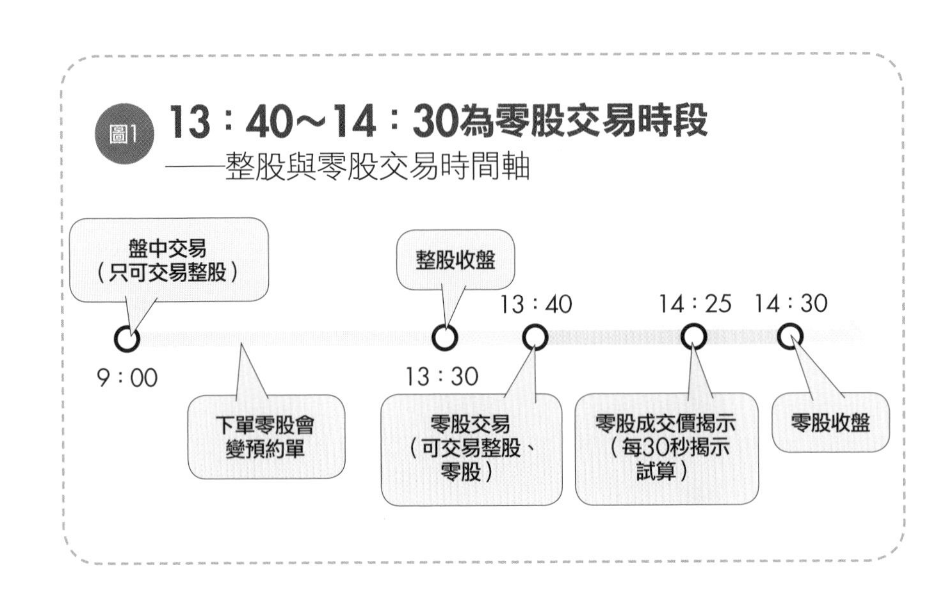

下單超過 999 股的零股，就必須要分拆成至少 2 單。

特別的是，其實盤中交易時（9：00 ～ 13：30），也可以掛零股交易單。不過，該交易單會自動轉為開盤日當天的「預約單」。到了零股交易時段，才會自動執行。

如果你對於某檔股票，抱持著必須得拿下的態度，甚至情願付出較高價格也在所不惜，的確是可以提前掛單，但就不見得是最划算的出價。至於該如何確定零股的合理出價價位，容我們稍後再詳細解說。

零股下單超過999股，系統會提示錯誤
——手機證券App零股下單畫面

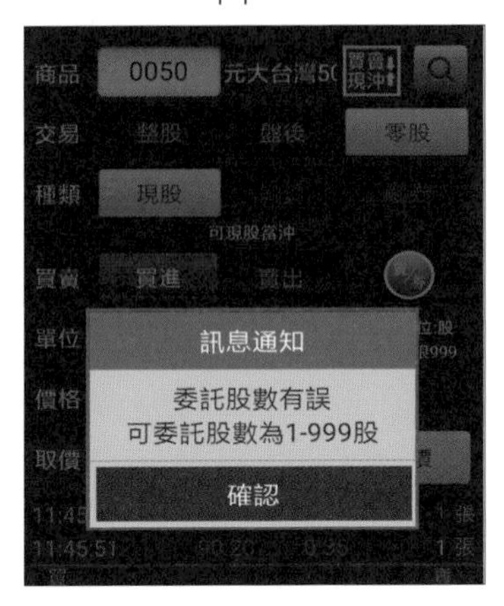

資料來源：元富證券行動達人

採「價格優先」原則，出價需拿捏精確

除了交易時間以外，零股與整股交易最大的差別，在於零股採取「1次集合競價撮合成交」。也就是在交易日的14:30結束下單後，才執行當天唯一的1次撮合。不過在收盤前5分鐘（14：25～14：30），每30秒會揭示試算的最佳1檔買賣價格，讓投資人有參考依據。換句話說，每個交易日零股買賣只有1次成交機會（詳見表1）！

零股採集中競價方式，1日僅有1次成交機會
——整股vs.零股撮合規則比較表

股票類型	整股	零股
交易方式	集合競價	1 次集中競價
撮合間隔	5 秒 1 次	1 天僅 1 次
成交量、價資訊更新間隔	5 秒 （9：00～13：25）	30 秒 （14：25～14：30）
交易原則	1. 滿足最大成交量 2. 單一價格成交	1. 價格優先 2. 滿足最大成交量 3. 單一價格成交
成交情形	1. 全部成交 2. 全部不成交	1. 全部成交 2. 部分成交 3. 全部不成交

註：1.2020.03.23 後，整股交易將改採逐筆交易，一有委託就撮合；2. 資料統計時間至 2019.11.04

那什麼是「價格優先原則」呢？其實就是出價愈高者，愈能夠被優先撮合。如果出價低於成交價，當日零股交易就會失敗；如果出價相同，則會依電腦隨機排列方式決定優先順序。

而在買入零股時，有 3 種設定價格的方式：限價、漲停價、跌停價。依「價格優先原則」，撮合時的優先順序為：漲停價→限價→跌停價。

用漲停價下單，買到零股的機會最高。用限價，則會在自己設定

零股交易未來將採盤中撮合

為鼓勵資金較小的台股投資人、散戶進場投資，金管會證期局規畫未來零股交易將採用「盤中撮合」，取代現在的「1次集中競價撮合成交」。而原本的下午盤後交易時段（13：40～14：30），仍然可以繼續買賣。

盤中的整股交易，採取每5秒撮合1次。但盤中零股交易，目前規畫每10分鐘撮合1次。換言之，每個交易日共有27次撮合機會。因與現股逐筆交易的「隨到隨撮」特性有明顯的時間差異，所以實施細節仍然未定，預計2020年下半年上路實施。

的最高價格內買進，意即成交金額可能會低於限定價格，但若是當日沒有人賣該檔零股，或是出價過低，也有可能因此不成交。

相較於整股可以在盤中交易時段內，不斷嘗試出價等待撮合；零股一旦成交失敗，就必須要等到次個交易日，才有辦法再次交易。這也是零股買賣最困難的地方，因為出價的價位設定難以拿捏精確。倘若欲買進的股票很熱門，就得考慮抬高出價，以利取得優先買進的機會。否則很可能與標的失之交臂。

要進行零股交易的小資族，如果錯過了買進時間，存股計畫就可能因此被打亂。然而，為求成交就使用不合理的出價方式，盲目堆

以漲停價下單，可能買到過高價格
——整股、零股交易行情單

◎整股交易行情

元大中型100

開始日期 2019/10/01 結束日期 2019/11/01 查詢

日期	開盤	最高	最低	收盤
2019/11/01	35.26	35.26	35.26	35.26
2019/10/31	35.48	35.50	35.26	35.26
2019/10/30	35.47	35.47	35.47	35.47
2019/10/29	35.35	35.66	35.35	35.47
2019/10/28	35.32	35.62	35.29	35.29
2019/10/25	35.42	35.42	35.32	35.32
2019/10/24	35.22	35.37	35.13	35.37
2019/10/23	35.10	35.22	35.10	35.22

◎零股交易行情

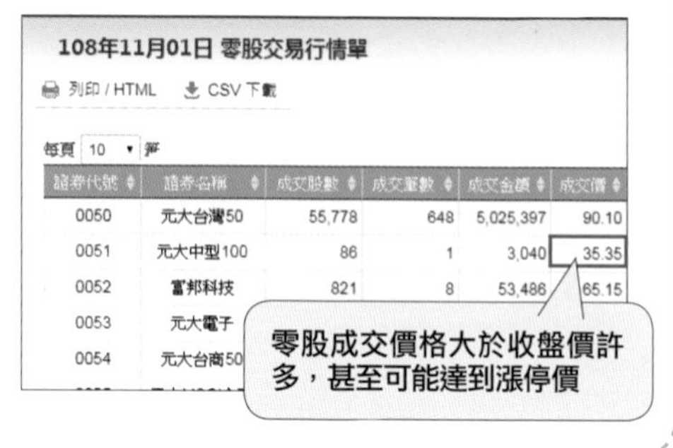

108年11月01日 零股交易行情單

列印 / HTML　CSV 下載

每頁 10 筆

證券代號	證券名稱	成交股數	成交筆數	成交金額	成交價
0050	元大台灣50	55,778	648	5,025,397	90.10
0051	元大中型100	86	1	3,040	35.35
0052	富邦科技	821	8	53,486	65.15
0053	元大電子				
0054	元大台商50				

資料來源：鉅亨網、台灣證券交易所

高價格下單，也可能提高投資成本。

舉例來說，台股在 2019 年 10 月底突破了長達 29 年的高點。小楊眼看大盤如此強勢，不想錯過多頭行情，於是非常熱切地想買入元大中型 100（0051），委託時直接以「漲停價」掛單。

假設好巧不巧，該檔零股的交易量不大，且市場當天剛好有人掛「漲停價」賣出。如此一來，電腦很有可能撮合兩者。結果就是小楊以高於收盤價 10% 的價格買進元大中型 100。如果長期以漲停價掛單，可能會持續以過高價格買入（詳見圖 3）。

過高的成交價格，會導致整體的投資成本增加。長遠下來，累積起來的價差，可能遠超過直接買進整股。所以買零股時，除非真的願意不惜成本，不然切記別輕易掛「漲停價」買入！

零股「部分成交」，恐增加額外手續費

除此之外，相較於整股交易，零股存在「部分成交」的情況。

舉例而言，小楊同樣掛「漲停價」下單 100 股元大台灣 50（0050）。當天市場上剛好也有人以「漲停價」賣出元大台灣 50，但只有 10 股出售。經系統撮合後，小楊的委託結果，會以漲停價「部分成交」（市場上只有 10 股，所以只買進 10 股）。剩下的 90 股，小楊只能隔日再嘗試買進。

如此一來，交易就得被拆分。若要買到相同的股數，將會增加額外手續費。以券商普遍最低收 20 元的手續費來看，累積下來的交易成本十分驚人。

這也凸顯了零股下單時，選擇合適價格的重要性。一旦出價過高，不僅抬高了零股成交價，也可能導致市場上沒有足夠的零股可成交，最終多付出了手續費。

善用2方法觀察趨勢，出價不亂槍打鳥

在零股市場裡正確出價的重要性，相信各位都已經了解了。至於如何才能提高零股成交率，又不至於出價太貴當冤大頭，提供以下2種方法觀察出價：

首先，我們拿幾檔存股熱門標的為例，可以看到零股價格與收盤價之間，通常存在著一定差異。綜觀而論，如果該檔股票很熱門，流通股數又不多，通常就要抬高出價，以利取得成交機會；如果該檔股票成交量低，整股收盤價與零股成交價之間，落差可能就會比較大。

方法 1》由過去 3 日價格參考訂價

讀者可以觀察過去 3 日的整股收盤價與零股成交價，找到出價依據。這邊列舉了 3 檔股票，其中 2 檔為交易量較大的存股標的，1 檔交易量略小（詳見表 2）。

由於撮合機制的設計，成交量愈大的零股，與整股收盤價之間的差距通常愈小。同時，也較不容易出現以過高的收盤價成交的情況。因為當市場上有眾多投資人出售該檔零股時，買賣雙方之間的期望價格就不會差距過大。

表2 股票交易量多，零股成交價與收盤價相差較小
——元大台灣50、玉山金、卜蜂交易行情表

日期	交易情形	元大台灣 50（0050）	玉山金（2884）	卜蜂（1215）
2019.10.29	收盤價	89.45 元	26.90 元	65.40 元
	零股成交價	89.45 元	26.90 元	65.60 元
	收盤價 — 零股成交價	0 元	0 元	-0.20 元
	成交筆數	396	505	27
2019.10.30	收盤價	89.85 元	27.40 元	65.50 元
	零股成交價	89.70 元	27.40 元	65.60 元
	收盤價 — 零股成交價	0.15 元	0 元	-0.10 元
	成交筆數	364	640	30
2019.10.31	收盤價	90.10 元	27.55 元	65.50 元
	零股成交價	90.05 元	27.55 元	65.80 元
	收盤價 — 零股成交價	0.05 元	0 元	-0.30 元
	成交筆數	377	556	14

資料來源：台灣證券交易所

換言之，在選擇存零股標的時，可以優先選擇交易量大，且價格穩定的股票。

從表 2 可以發現，通常元大台灣 50 的收盤價，會比零股成交價還要高出幾個「檔數」。直接掛收盤價，有機會可以直接買到零股。

股票類別不同，股價漲跌單位也不同
——股價漲跌單位表

股票類別	股價	股價漲跌單位
一般股票	未滿 10 元	0.01 元
	10 元至未滿 50 元	0.05 元
	50 元至未滿 100 元	0.10 元
	100 元至未滿 500 元	0.50 元
	500 元至未滿 1,000 元	1.00 元
	1,000 元以上者	5.00 元
ETF	未滿 50 元	0.01 元
	50 元以上者	0.05 元

資料來源：台灣證券交易所

而另 1 檔成交量較小的卜蜂（1215），如果出價時仍用收盤價下單，很有可能因為出價過低，導致成交失敗。

「檔數」指的是股價的升降單位，以一般股票而言，如果股價未滿 10 元，上升 1 檔就是增加 0.01 元；但如果是 ETF，就只有分為 2 個區間。以股價 50 元以上的標的來說，每上升 1 檔就是增加 0.05 元（詳見表 3）。

如果我們想要確定成交量較小的零股成交價格，可以試著拉長觀

6個交易日中，卜蜂收盤價均低於零股成交價
——卜蜂（1215）6日價格比較表

日期	收盤價（元）	零股成交價（元）	收盤價－零股成交價（元）
2019.10.24	65.70	65.80	-0.10
2019.10.25	65.90	66.10	-0.20
2019.10.28	65.60	65.80	-0.20
2019.10.29	65.40	65.60	-0.20
2019.10.30	65.50	65.60	-0.10
2019.10.31	65.50	65.80	-0.30

資料來源：台灣證券交易所

察期間。同樣以卜蜂為例，觀察過去 6 個交易日，卜蜂收盤價均低於零股成交價（詳見表 4）。因此零股出價時，應該更積極抬高出價，以免向隅。

方法 2》由價格揭示找到出價依據

除了參考過去幾日的成交價格外，我們也可以參考零股收盤前 5 分鐘的價格揭示。在零股收盤前 5 分鐘（14：25 ～ 14：30），會每 30 秒更新 1 次最佳 1 檔的買賣價格。觀察最多人出價的價位後，再訂出自己可以接受的出價。

圖解教學 查詢零股最佳1檔買賣價格

登入台灣證券交易所網站首頁（www.twse.com.tw/zh/），點選右上角❶「基本市況報導」。

STEP 2

待頁面跳轉到基本市況報導網站（mis.twse.com.tw/stock/index.jsp），在首頁上方欄位，點選❶「其他交易」，在下拉選單中選擇❷「零股揭示」。

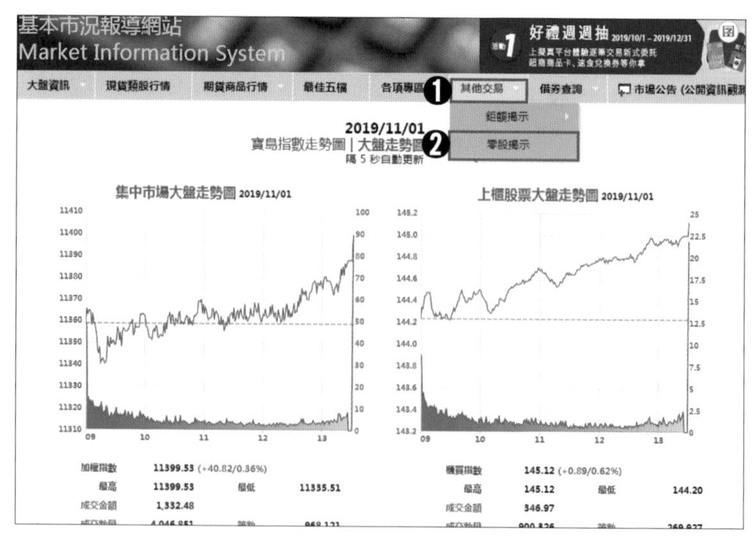

STEP 3

頁面跳轉後，會出現當天交易日全部上市股票的零股相關資訊。可以在上方❶「請選擇上市類股」欄位，找到相關的產業選項，或是在❷「請輸入股票代號或名稱」中，填入想查詢的個股股號或名稱。

[上市] 水泥工業 零股交易個股收盤前五分鐘試算行情揭示 (元，股)

	開盤	最高	最低	最近成交價	漲停價	跌停價	揭示時間 1425~1430 為試算	揭示買價	揭示賣價	零股成交價	零股成交股數
[1101]台泥	40.45	40.60	40.30	40.55	44.45	36.45	14:30:00	40.55	40.60	40.55	31327
[1101B]台泥乙特	53.60	53.90	53.60	53.90	59.20	48.55	14:30:00	53.60	53.90	53.60	477
[1102]亞泥	43.05	43.30	43.00	43.10	47.35	38.75	14:30:00	43.15	43.20	43.15	4631
[1103]嘉泥	18.80	19.00	18.80	19.00	20.90	17.10	14:30:00	18.95	19.00	18.95	1458
[1104]環泥	18.80	18.90	18.80	18.90	20.65	16.95	14:30:00	18.80	18.85	18.80	1801
[1108]幸福	8.02	8.02	7.94	7.98	8.82	7.22	14:30:00	7.95	7.98	-	-
[1109]信大	18.35	18.40	18.30	18.30	20.10	16.50	14:30:00	18.25	18.30	18.25	241
[1110]東泥	17.10	17.10	17.10	17.10	18.80	15.40	14:30:00	17.00	17.10	17.00	1

頁面跳轉後會出現個股的盤後相關資訊。查詢時間如果介於14：25~14：30之間，可以看到揭示的買價、賣價，但❶「零股成交價」、❷「零股成交股數」欄位會呈現空白狀態。此時，可以判斷❸「揭示買價」是否符合自己期望價格。

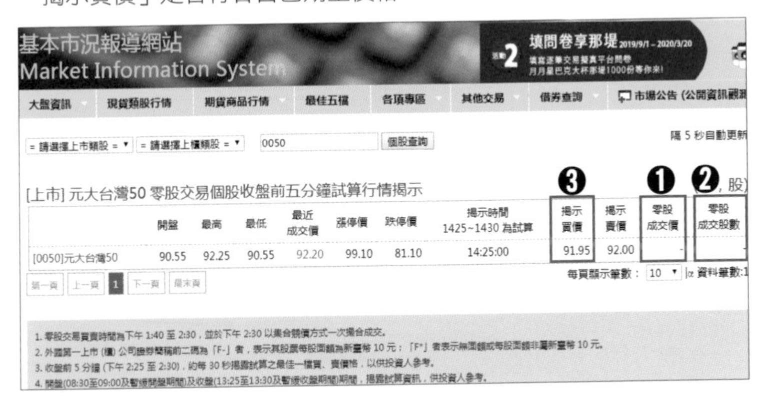

[上市] 元大台灣50 零股交易個股收盤前五分鐘試算行情揭示

	開盤	最高	最低	最近成交價	漲停價	跌停價	揭示時間 1425~1430 為試算	揭示買價	揭示賣價	零股成交價	零股成交股數
[0050]元大台灣50	90.55	92.25	90.55	92.20	99.10	81.10	14:25:00	91.95	92.00	-	-

下午14：30後查詢，會顯示❶「零股成交價」、❷「零股成交股數」。

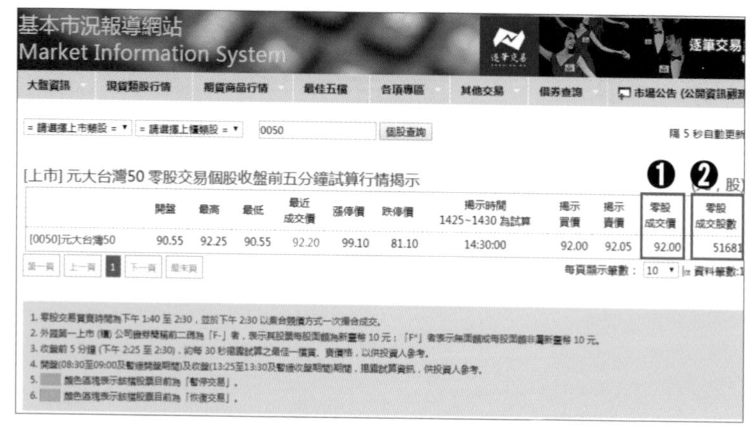

資料來源：台灣證券交易所

善用財務指標 精篩好股

股利》享受公司分紅 首選配發現金股利標的

對於以「存股」為主的零股投資人來說，股利絕對是大家需要了解的一大課題。

股利，是公司分配營運成果、分配獲利的管道，可從 2 大重點來看（詳見圖 1）：1. 股利為股票投資人取得公司獲利的主要管道，透過取得股子或現金分紅，可藉此不斷地滾存、放大財富；2. 股利政策也能作為檢視公司營運穩定度的依據。

獲利愈穩定的公司，在進行盈餘分配、股利發放時，自然就能愈穩定。以存零股為主的小資族，就該以此類公司為主力投資標的。

存股以現金股利為主，尋找投資金雞母

股利又可分為「股票股利」及「現金股利」，前者就是一般常聽

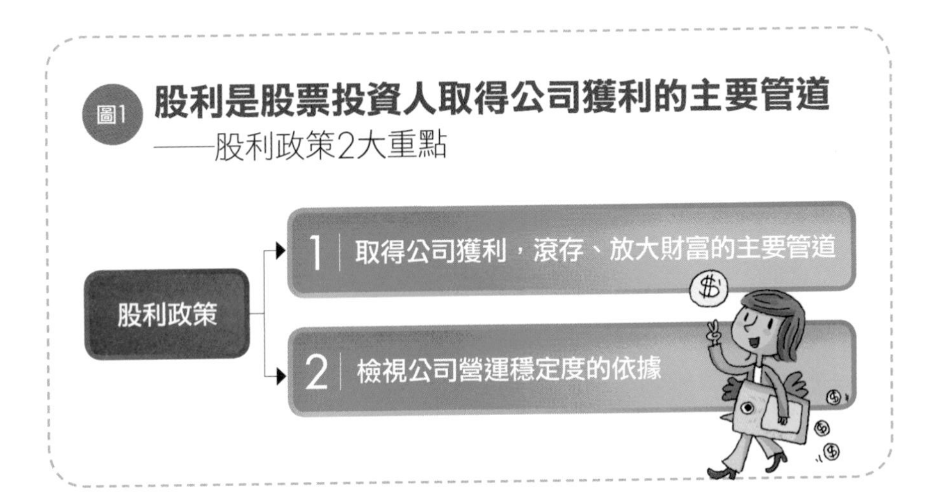

到的「配股」，後者則是「配息」。兩者的不同從字面就能大概了解，分為拿到股票分紅或現金分紅（詳見圖 2）。

形式 1》股票股利

股票股利是盈餘轉增資的形式，不會有直接的金流，也就是投資人不會拿到現金，而是公司會將盈餘轉成股本（增加資本額），以股票的形式分配給股東，使得公司股本增加，投資人手中持股也同時增加。

形式 2》現金股利

現金股利則是以現金的方式直接給付給投資人，並不會造成股本的增加，但要特別注意，因為公司進行發放的銀行可能和投資人的帳戶不同，因此會被多收取 10 元的匯費。

投資人拿到的現金股利，並不是平白產生的，而是來自公司獲利，配發現金股利代表公司須從內部掏出現金給股東，如果公司正處於大幅擴張的成長期，未來仍有一定資金缺口，多半會改採「股票股利」的形式發放股利，甚至不進行股利發放，以因應未來資金需求。

至於這 2 種股利形式，須檢視和觀察的重點有哪些呢？首先，存股型投資人應該以能產生「現金股利」的標的為主要目標，而且現金股利最好是以能愈發愈多者為佳，期許能擁有一隻會下蛋的「金雞母」，再用一顆顆金蛋去生出更多小金雞，源源不絕地持續擴大資金池。

以現金股利3指標篩股，建立存股名單

現金之所以可貴，在於其能成為再投資的金流來源，讓投資人持續投入個股扣款，甚至是擴大到更多的存股標的上；至於股票股利就無法彈性應用，須透過買賣才能變現。

因此，我們可以從「現金股利穩定度」、「現金股利發放率（或

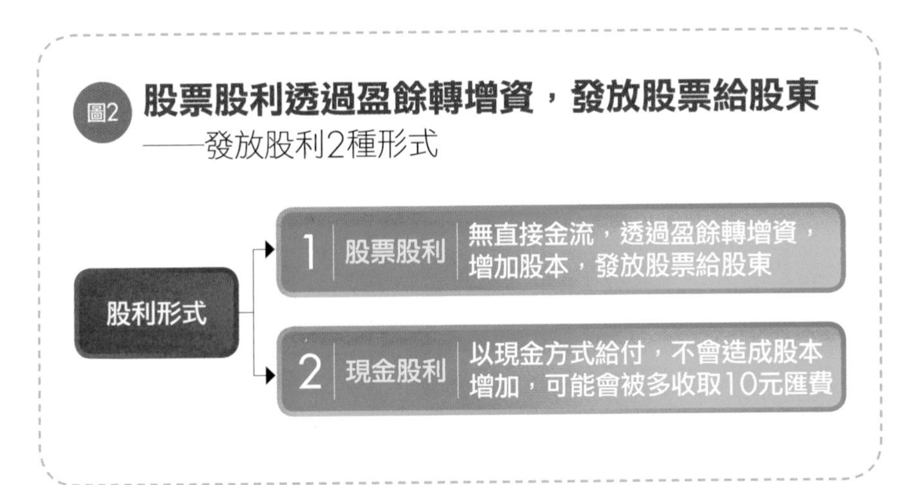

稱現金配息率）」，以及「近 5 年現金股利政策」3 指標來進行投資標的篩選：

1. 現金股利穩定度愈高愈好

在零股的標的選擇上，因為是長期投資，當然要以「獲利穩定」和「股利穩定」的標的為首選。關於查詢股利金額及政策內容，投資人可到各大選股網站，如財報狗、Goodinfo! 台灣股市資訊網等網站，或是公開資訊觀測站進行查詢（詳見圖解教學❶）。

穩定的現金股利發放，象徵著公司營運和財務上的穩健，理想的存股標的，除了穩定外，股利如果能夠持續向上成長者更佳，股利的成長往往來自於獲利的成長，而獲利成長則會驅動股價增長。就投資人的角度而言，找到 1 檔獲利與股利穩定不斷增長的股票，就像是養到 1 頭能源源不絕產生牛奶的乳牛，這頭牛除了穩定產奶外，還能生出更多的小乳牛，讓牛奶量倍增！

①台積電（2330）：以台股為例，績優股台積電就是典型獲利和股利雙雙成長的優質標的（詳見圖 3）。台積電為全球晶圓代工龍頭，在物聯網、5G 與 AI 等新興資通訊產業發展下，股價也隨著獲利、股利成長節節攀升，利多不斷發酵的台積電，未來仍存在獲利和股利雙增的高度機會。

台積電此類持續成長的珍貴股票難尋，存股投資人亦不妨將眼光放向年年配發股利穩定的公司，該類公司以「存股 3 本柱」的金融、電信和傳產等公司為大宗。

這些產業一般具備寡占、特殊利基和民生必需等優勢，營運較不易受景氣波動影響，因為產品具必需性，在「剛性需求」優勢加持下，公司多能保持穩定獲利，而穩定獲利者才能穩定配息。

②統一（1216）：舉例來說，像是台灣食品業龍頭公司統一，旗下轉投資多元且分散在各大民生產業之中，其中有物流業的黑貓、

圖3 台積電近5年EPS、現金股利與股價穩定成長

註：資料統計時間為2014.01.01～2018.12.31　資料來源：公開資訊觀測站、XQ全球贏家

油品公司大統益（1232）、超商零售通路的統一超（2912），以及其再轉投資的星巴克與康是美，另外還有與法商合資的大賣場家樂福等。

在公司營運穩定下，股利配發狀況也相當穩定，除了在 2017 年因上 1 年度出售上海星巴克所產生的一次性利益，令現金股利暴增外，近 5 年現金股利都有 1 元以上水準，近 4 年更達 2 元左右（詳見圖 4），就連 2009 年金融海嘯後 1 年，公司仍有配發股利，達成連續 36 年配發的驚人紀錄，股價近期也隨著集團營運規模的放大逐漸上升。

③潤泰新（9945）：至於台股中另一家公司潤泰新，本業為建築營造，但是主要獲利來自轉投資的保險公司南山人壽。公司在 2015 年與 2016 年時，受到轉投資南山人壽的影響，須提列高額的特別盈餘公積，導致其帳面上雖有大量獲利，卻無法進行現金股利發放，因為配息易受轉投資影響，近 5 年股利政策相對不穩定，波動較大，存股型投資人應該要設法避開此類標的（詳見圖 5）。

2. 現金股利發放率＞ 80%

現金股利發放的穩定程度以外，「現金股利發放率」也相當重要，是指每年有多少比率的盈餘，會作為現金股利進行發放（詳見圖 6）。該比率如果愈高，代表公司的現金股利發放能力愈強，代表公司手頭現金充足，以及營運表現較其他公司穩定，才有辦法年年配出高現金股利，也是一項檢視公司財務狀況的指標（詳見圖解教學❷）。

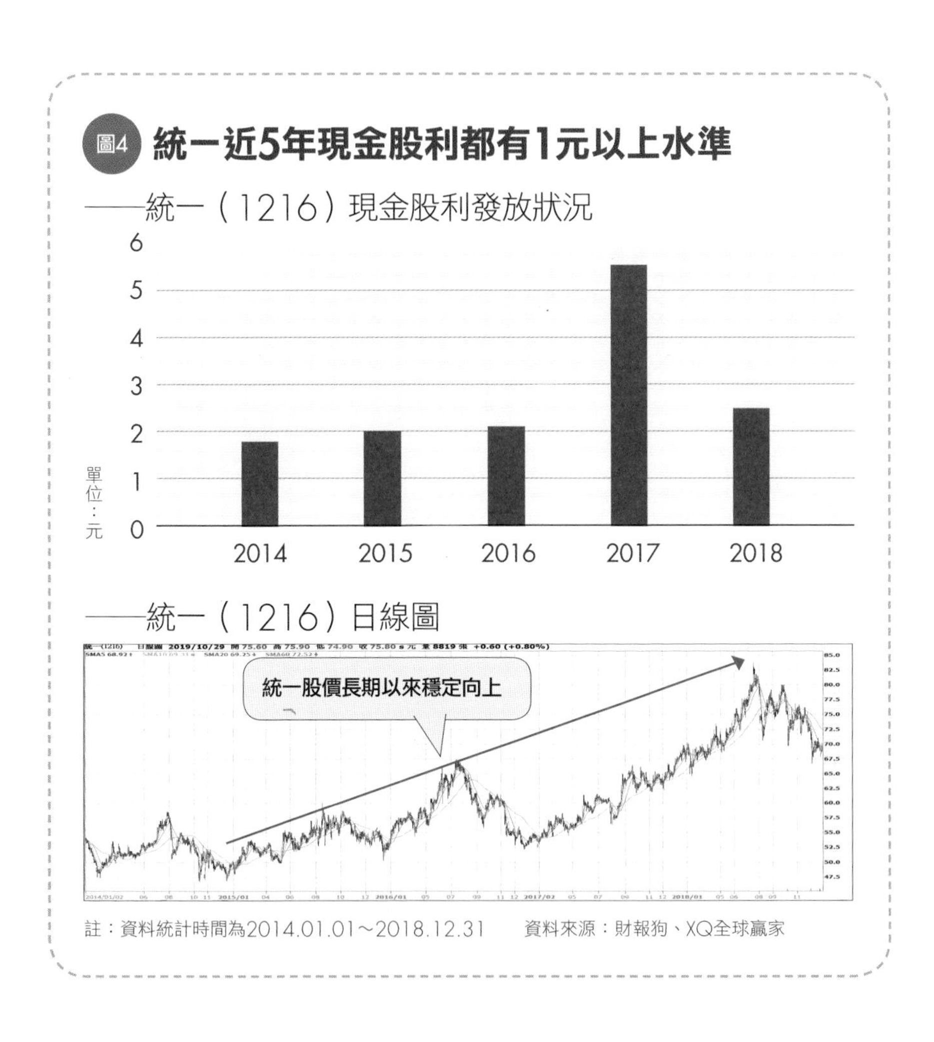

註：資料統計時間為2014.01.01～2018.12.31　　資料來源：財報狗、XQ全球贏家

在利用該比率進行存股標的篩選時，要以「長期穩定」者為優先，再者，該比率最好高於 80%。因為投資人是以存股為目的，選擇標的多是產業已發展完整的成熟公司，因為產業型態完全，公司未來

對於資金需求不高，所以股利配發較為穩定，應該要能拉高現金股利的發放比率，因此要求「現金股利發放率」須超過 80%，才算是及格標的。

現金股利發放率愈高，發放現金股利能力愈強
——現金股利發放率計算公式

$$\text{現金股利發放率} = \text{現金股利（元）} / \text{EPS（元）} \times 100\%$$

以公用事業中的電信三雄（中華電（2412）、台灣大（3045）和遠傳（4904））為例，近 5 年來的現金股利發放率不只超過 80% 標準，且都有 90% 以上的發放率，像是台灣大與遠傳，更有某些年度拿出超過 100% 的盈餘進行配發，此類公司就適合放在「存股名單」之中（詳見圖 7）。

3. 近 5 年現金股利政策維持穩定

至於該如何檢視公司股利政策的穩定性？可以從近 5 年股利政策著手，確認該公司是否值得存。為什麼要以 5 年作為標準呢？因為，基本上 5 年就能走完一個景氣上的小循環，如果公司在 5 年內的股利政策多能維持穩定，表示其營運已能通過景氣轉弱時的挑戰。

如果能將檢視年度拉長至 10 年更佳，表示公司在營運上通過一

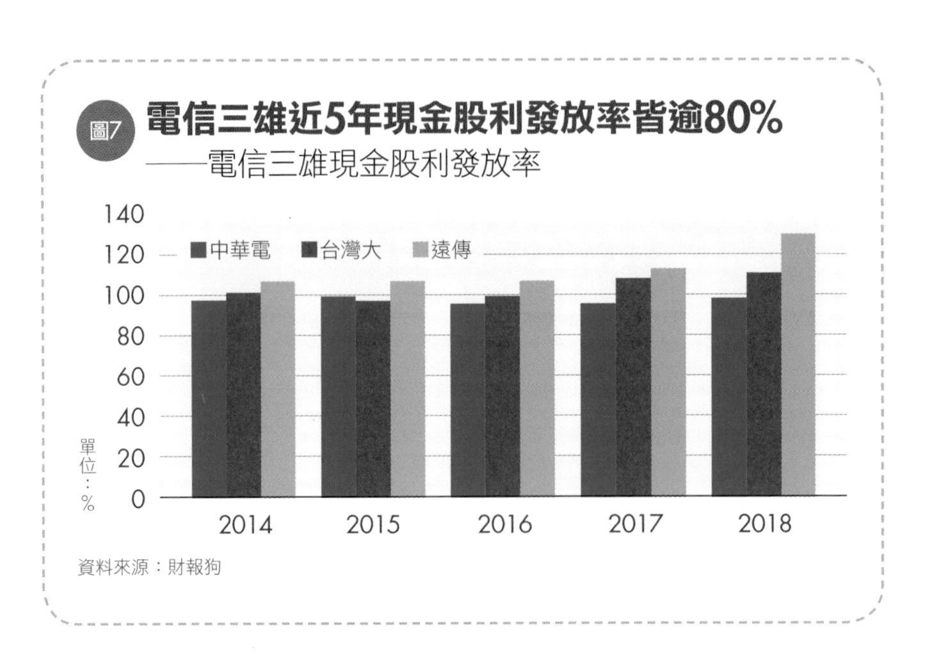

個完整的景氣大循環，能夠度過景氣最惡劣的時刻。但以 10 年作為條件可能過於嚴苛，許多公司的上市櫃年數仍未達 10 年，或是在金融海嘯等經濟環境較惡劣的時期無法獲利，極端情形可先予以豁免，不必列入檢視之中。因此，投資人以 5 年的景氣小循環作為觀察指標即可。

像是統一集團下的油品公司大統益就是年年獲利、年年配息的最佳典範。俗話說「民以食為天」，就算經濟再差，消費者炒菜做飯還是得用油，因為公司產品的民生必需性，使得公司年年獲利、年

大統益近10年持續穩定配發現金股利
——大統益（1232）EPS與現金股利發放狀況

年度	EPS（元）	現金股利（元）
2018	5.67	5.0
2017	5.11	5.0
2016	5.58	5.0
2015	5.70	5.0
2014	6.17	5.0
2013	4.42	3.8
2012	2.77	2.8
2011	3.67	3.0
2010	4.19	3.5
2009	3.68	3.0

資料來源：公開資訊觀測站

年配息，且不光是近 10 年能達成連續配發現金股利（詳見表 1），公司更創下從 1996 年上市 23 年來，年年獲利與配息的寶貴紀錄，投資人在選擇存股標的時，就該以此類股票為優先。

最後，則是要為「股票股利」進行平反。發放股票股利並無不好，而是在存股時，以追求穩定與現金流為主，因此以配發現金股利的公司為首選。但配發股票股利的公司，多仍在成長當中，營運穩定性普遍較差，投資人也無法利用股票股利再擴大買進其他存股，因此相對不適合存股型投資人買進。

如果真的要買進發放股票股利的公司，則要檢視該公司的「獲利」是否有跟上股本的膨脹？舉例來說，一家公司的每股面額若為 10 元，經過 2 元「股票股利」發放後，原本的股本將膨脹 20% 至 12 元，EPS（每股盈餘）也將因為股本膨脹而被稀釋，僅剩下約 0.83 元（1／1.2＝0.83）。

此時，獲利應要等比成長 20%，公司 EPS 才能保持穩定，估價才有辦法維持原本水準。因此，並非配發股票股利不好，而是公司獲利要能持續成長，且跟上配股增加的速度，未來股價才不會貶值。

圖解教學❶ 查詢連續配發現金股利個股

首先進入GoodInfo!台灣股市資訊網（goodinfo.tw/StockInfo/index.asp），點選❶「股票篩選」。

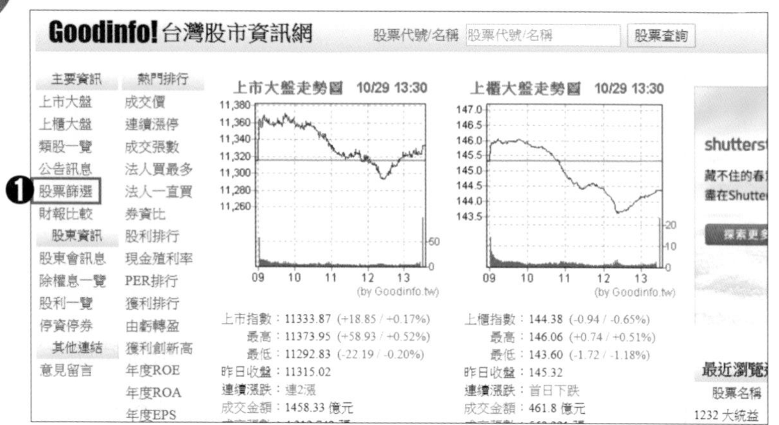

STEP 2

進入下一個頁面後，點選❶「智慧選股」，並選擇下方的❷「股利政策」，出現下方選單後，點選❸「連續配發股利次數」下拉選單的❹「連續配發現金股利」，即會出現❺「現金股利連配次數」的排行。

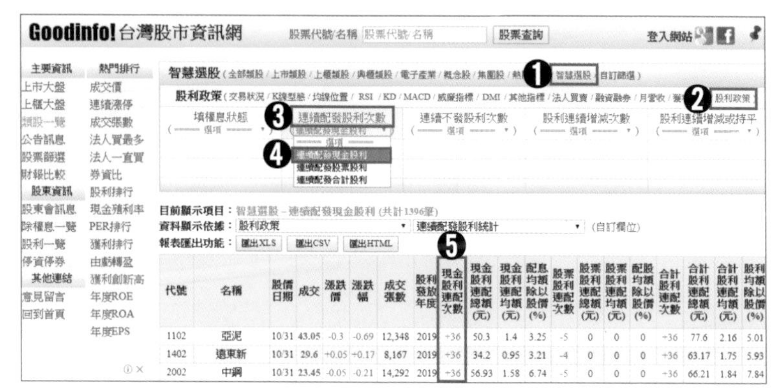

代號	名稱	股價日期	成交	漲跌價	漲跌幅	成交張數	股利發放年度	現金股利連配次數	現金股利連配總額(元)	現金股利連配均額(元)	配息均額除以股價(%)	股票股利連配次數	股票股利連配總額(元)	股票股利連配均額(元)	配股均額除以股價(%)	合計股利連配次數	合計股利連配總額(元)	合計股利連配均額(元)	股利均額除以股價(%)
1102	亞泥	10/31	43.05	-0.3	-0.69	12,348	2019	+36	50.3	1.4	3.25	-5	0	0	0	+36	77.6	2.16	5.01
1402	遠東新	10/31	29.6	+0.05	+0.17	8,167	2019	+36	34.2	0.95	3.21	-4	0	0	0	+36	63.17	1.75	5.93
2002	中鋼	10/31	23.45	-0.05	-0.21	14,292	2019	+36	56.93	1.58	6.74	-5	0	0	0	+36	66.21	1.84	7.84

資料來源：GoodInfo! 台灣股市資訊網

接續下頁

圖解教學❷ 查詢個股現金股利金額、現金股利發放率

進入財報狗（statementdog.com）網站，輸入欲查詢的❶「股號／股名」，並且點選❷搜尋符號。此處以「大統益」為例。

STEP 2

進入個股頁面後，點選❶「獲利能力」，並點選❷「現金股利發放率」，就可以看到❸「個股歷年配發的現金股利金額與現金股利發放率」表格。若想調整時間長度，則可點選❹「下拉式選單」進行調整，或是手動自訂時間長度。

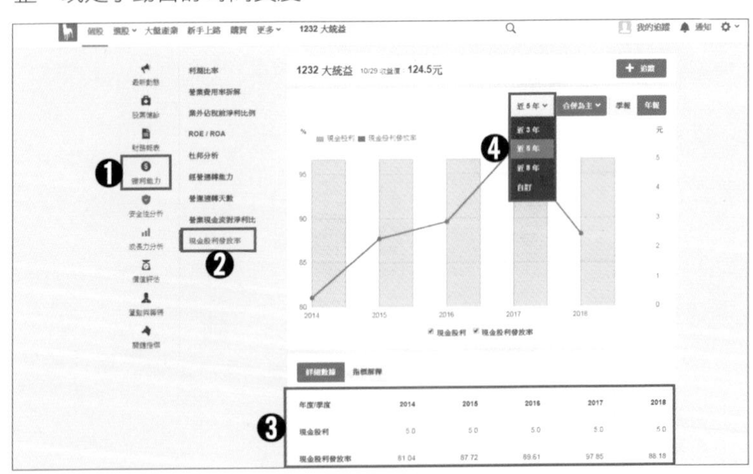

資料來源：財報狗

EPS》檢視公司獲利能力 穩定提升才能享受報酬

獲利是公司營運上極為重要的指標。如果一家公司缺乏獲利，就不會有強健的財務基礎，更不會有優秀的股價表現。獲利能力攸關企業是否能夠永續經營，也是讓投資人是否願意掏錢投資的關鍵因素。如同日本經營之神松下幸之助的名言：「企業如果不賺錢，那是一種罪惡！」

試想，有誰會願意投資一家沒有獲利、沒有前景的公司？投資市場是提供報酬的地方，投資人進入市場就是在追逐報酬，追逐獲利極大化。

獲利類型以本業及長期性為佳

要解析公司的獲利，可以先從獲利類型開始說起（詳見圖 1）。台股上市櫃公司，每一季度會發布一次獲利狀況，可以依照來源的不同，將公司獲利分為 2 種：

1. **本業獲利**：即為公司主業所產生的獲利。

2. **業外獲利**：則為非本身業務所產生，像是轉投資其他公司所產生的獲利。

除了藉由來源進行分類外，也可以用獲利週期分為 2 種：

1. **長期性獲利**：主業或是其他轉投資所產生的長期獲利，能不斷地穩定產生。

2. **一次性獲利**：僅能夠認列一次，未來無法再從該項目取得獲利，像是公司出售房產時，所認列的處分利益。

以早餐店為例，賣早餐就是該店的「本業獲利」，如果它又兼賣彩券，賣彩券所取得的獲利，就屬於早餐店的「業外獲利」。賣早餐和賣彩券的獲利，如果是每期發生，就為早餐店的「長期性獲利」，假設該店家出售原本營業用的咖啡機，在扣除帳面成本後，得到的「增值利益」僅為一次性，未來不會再發生，此即為「一次性獲利」。

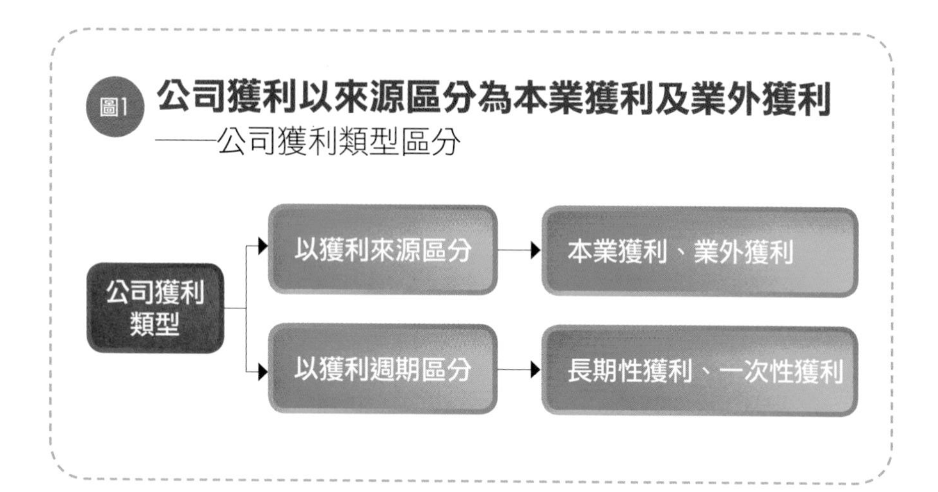

對於存股型投資人而言，首要為追求財務健全、營運表現穩定的公司，因此，公司的獲利來源最好是來自本業且能夠長期地不斷產生。一家公司若長期只靠業外維生，本業多數時間沒有獲利，或是時不時出現虧損，代表經營層能力不足，導致營運不夠穩定，難以保證投資人的長期報酬，就不適合列入存股的投資名單中。

至於，該如何檢視公司獲利呢？投資人可以先從最基本的獲利評估指標──「每股盈餘」開始。每股盈餘就是大家常在報章媒體上看到的 EPS，其英文全名為「Earnings Per Share」，中文又被稱為「每股獲利」、「每股收益」或「每股盈利」，公式為「稅後獲利」去除以「在外流通股數（股本）」（詳見圖 2），用於快速衡量公

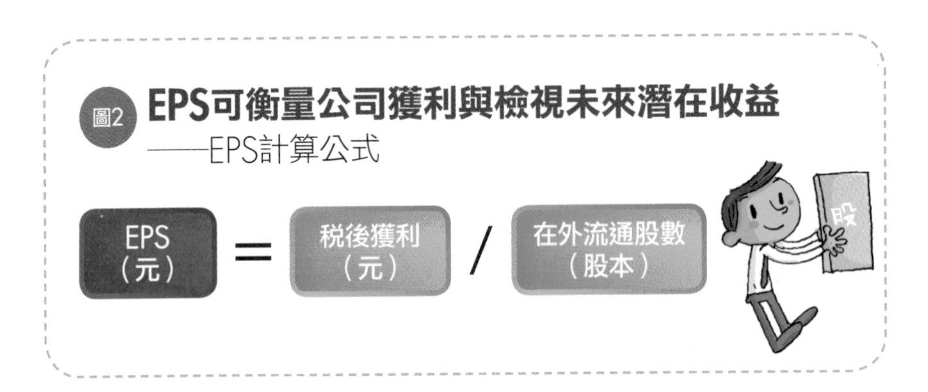

司獲利與檢視投資人未來可取得的潛在收益。

簡單來說，就是投資人每持有 1 股股票，公司在該年度所能提供的相對報酬。

假設，有大美和小美 2 家早餐店，大美早餐店的在外流通股數為 50 萬股（資本額 500 萬元），且今年賺進了 150 萬元，經過每股的利潤分配後，可得出大美早餐店 EPS 為 3 元（150÷50＝3）。另一家小美早餐店，今年僅獲利 100 萬元，不過因為在外流通股數較少，為 20 萬股（資本額 200 萬元），依照比率分配之後，小美早餐店 EPS 為 5 元（100÷20＝5），EPS 反而大於大美早餐店。

由上述案例可知，EPS 是相對概念，雖然大美早餐店獲利較高，

大美早餐店獲利高但股本較多，故EPS較少
——大美早餐店與小美早餐店EPS比較

項目	大美早餐店	小美早餐店
獲利（萬元）	150	100
資本額（萬元）	500	200
每股面額（元）	10	10
流通股數（萬股）	50	20
EPS（元）	**3**	**5**

不過因為股本（股東投資金額）相對更多，在經過每股分配後，股東能夠取得的盈餘分配（每股盈餘），反而比小美早餐店低（詳見表 1）。

EPS 該如何運用在選擇存股上呢？對於股票市場來說，EPS 和公司股價具有連動性，EPS 的多寡和成長與否，對於公司股價有一定的影響力。當 EPS 呈現穩定甚至成長時，股價往往就能表現穩定或隨其走高；反之，當 EPS 呈現不穩或下跌趨勢，公司股價亦往往波動較為劇烈或隨其下跌。

不過，投資人須注意，獲利能夠快速成長的公司，多為草創期或

在高速成長期的公司，短線上獲利雖能高速成長，不過獲利起伏程度也較大，EPS 表現時好時壞可能性高，股價容易隨 EPS 上下波動。因此，在存股投資上，還是以獲利能夠平穩者為優先。一般來說，電子業的 EPS 波動較大，較不適合存股，EPS 能夠年年表現穩定者，多以金融、公用事業或傳產股為主。

①宏達電（2498）：以台股中曾經的股王——宏達電為例（詳見圖 3），公司在 2010 年～ 2013 年時，靠著智慧型手機本業的

快速成長，營運走高使盈餘暴增，股價在 2011 年創下每股 1,300 元的天價，股利也隨之攀升。之後，隨著智慧型手機產業的挑戰者愈來愈多，在市場過度競爭下，宏達電的獲利也快速下滑，甚至出現虧損，股價亦隨著不斷走低的 EPS 一路破底，現金股利更是在 2 年之內由最高 40 元跌至 0 元。

②玉山金（2884）：至於金融股中的資優生——玉山金（詳見圖 4），則是 1 檔存股界的優質典範。該金控近年獲利表現平穩，

近 5 年 EPS 皆在 1.5 元左右，穩定獲利使股價波動也不大，多在 17 元～ 20 元區間游走。不過近期一度突破 20 元股價的天險，若再加上歷年的股利配發，長抱者可謂股利、價差雙賺！

長期投資須以獲利年增率為主要觀察指標

此外，雖然獲利與 EPS 是每季公布，不過在檢視時，應該要觀察和上 1 年同季（期）相較的「年增率」，取代與上 1 季相較的「季增率」或稱為「期增率」（詳見圖 5）。以年增率為觀察指標，主要有以下 2 項考量：

1. 存零股的投資策略因屬於長期投資，所以在選股時較不在乎短期的 EPS 季（期）變化。

2. 產業的景氣循環會有所謂的「好季」、「壞季」的旺季與淡季之分，若單純以當季獲利與上一季相比，數據就會失真。

以百貨零售業的遠百（2903）為例，公司主要業務為經營百貨公司，可以看到公司最近 3 年（2016 年～ 2018 年）的每季獲利，都是以第 4 季為最優（詳見圖 6），因為年底適逢傳統百貨旺季，擁週年慶和耶誕節等黃金檔期，百貨業獲利自然亮眼。

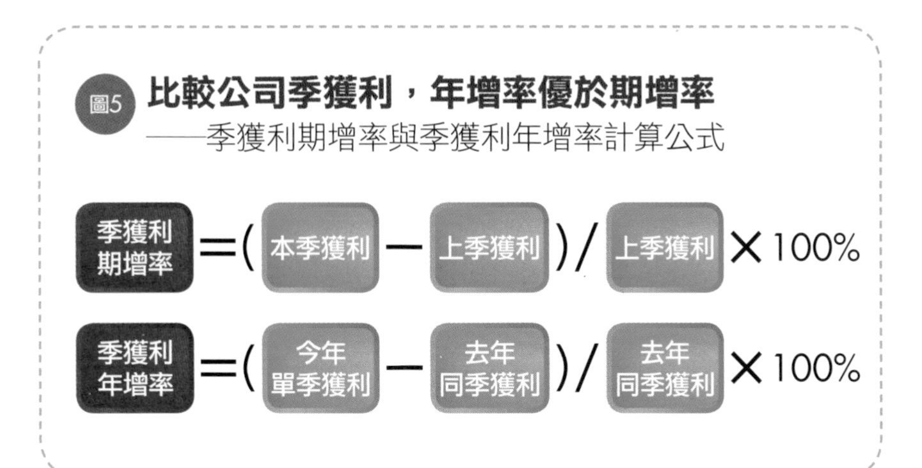

進一步分析獲利年增率，能夠呈現穩定或穩定成長者，代表公司營運穩健，長期持有風險較小；反之，獲利年增率若不夠穩定，甚至出現負值衰退，就要密切注意公司的營運近況。如果該現象持續2季～3季以上時，須好好檢視公司基本面，確認長期展望是否仍保持穩定？若公司基本面轉差，投資人應該馬上停損、賣出持股，將資金轉至其他標的，以避免損失擴大（詳見圖解教學）。

用本益比評估股價，掌握逢低買進時機

在認識 EPS 和獲利年增率後，可再利用由 EPS 延伸而來的「本益比」指標，作為選股工具。本益比是由「股價」除以「EPS」而來（詳

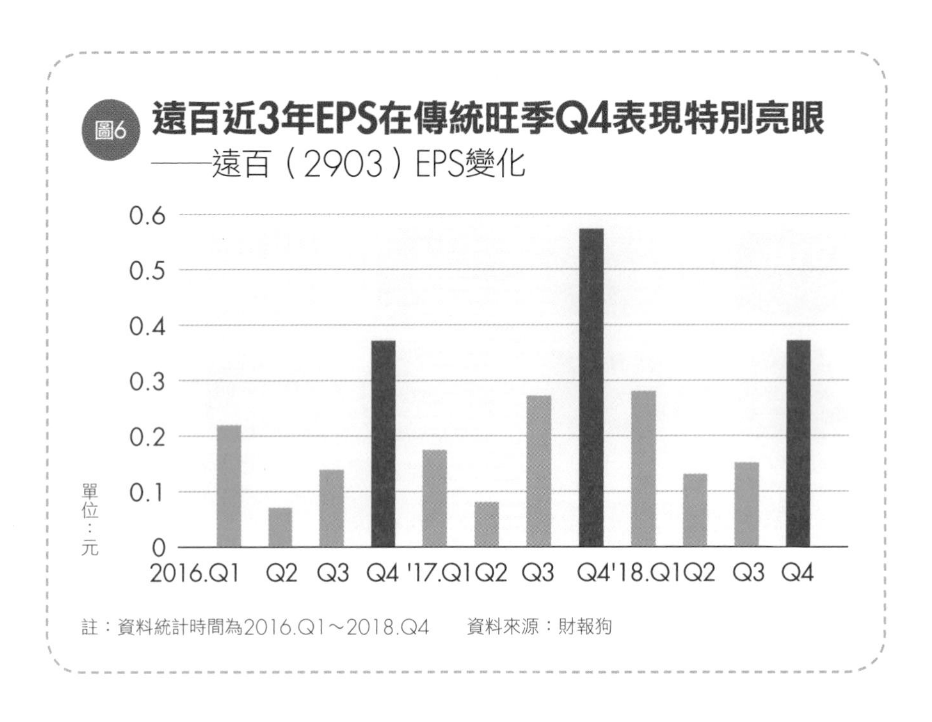

見圖 7），意思為投資股票時，憑藉公司獲利回本所需要的年數。舉例來說，一家公司的本益比若為 10 倍，假設公司能夠穩定維持獲利，投資人在 10 年後就能完全回本。

本益比被視為評估公司股價為「便宜」、「合理」或「昂貴」的重要指標。理論上，高本益比的公司，代表公司估值過高，較不值得投資，不過也可能蘊含公司前景看好、未來展望佳，因此市場給予較高的本益比；本益比愈低的公司，一般代表公司的股價受到低

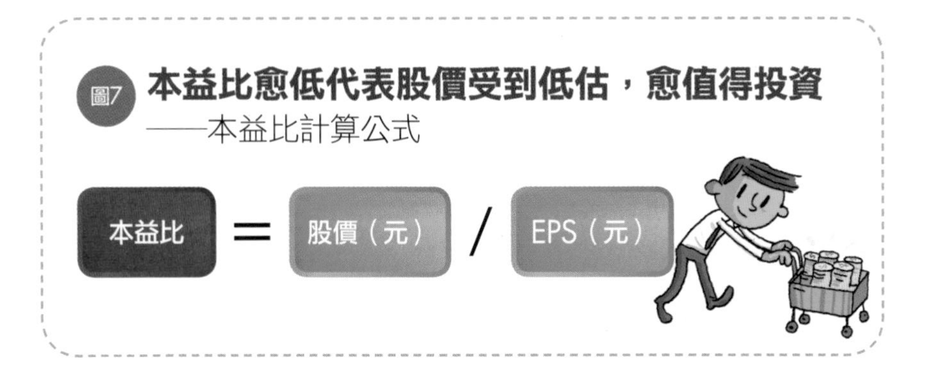

估，愈值得投資，但另一方面，低本益比可能隱含未來獲利可能減少等隱憂，使市場估值下滑。

此外，要提醒投資人注意的是，在使用本益比進行個股比較時，會因為產業不同、公司規模不同或比較的週期不同，而造成數據失真。因此，比較個股本益比時，以同類型、同產業的公司較為恰當，一般會使用同產業公司在同一段時間的「平均本益比」作為標準。

圖解教學　查詢個股EPS及EPS成長率

進入財報狗（statementdog.com）網站，輸入欲查詢的❶「股號／股名」，並且點選❷搜尋符號。此處以「台積電（2330）」為例。

STEP 2

進入個股頁面後，點選❶「財務報表」，並點選❷「每股盈餘」，就可以看到個股近年❸「單季EPS」表格。若想調整時間長度，則可點選❹「下拉式選單」進行調整，或是可手動自訂時間長度。

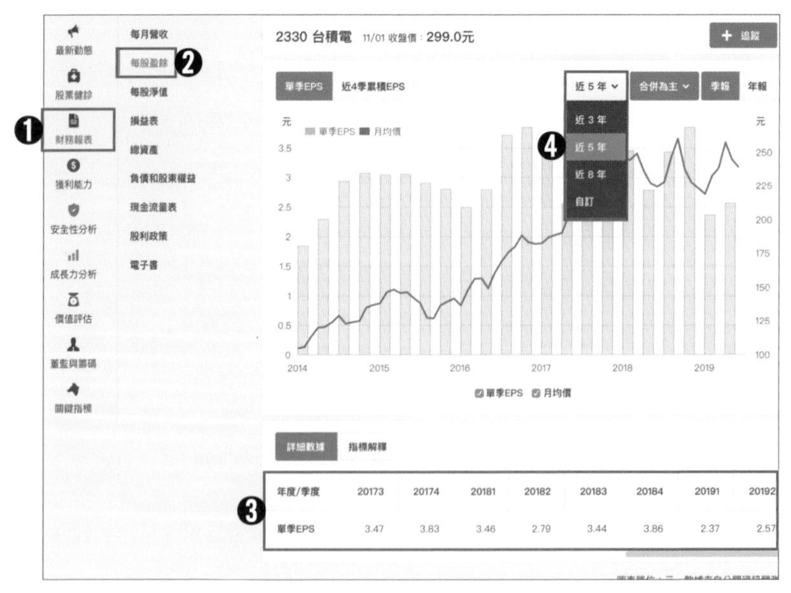

若想查詢EPS成長率，可點選❶「成長力分析」，並點選❷「每股盈餘成長率」，就可以看到個股近年的❸「單季EPS年增率」表格。若想調整時間長度，則可點選❹「下拉式選單」進行調整，或是可手動自訂時間長度。

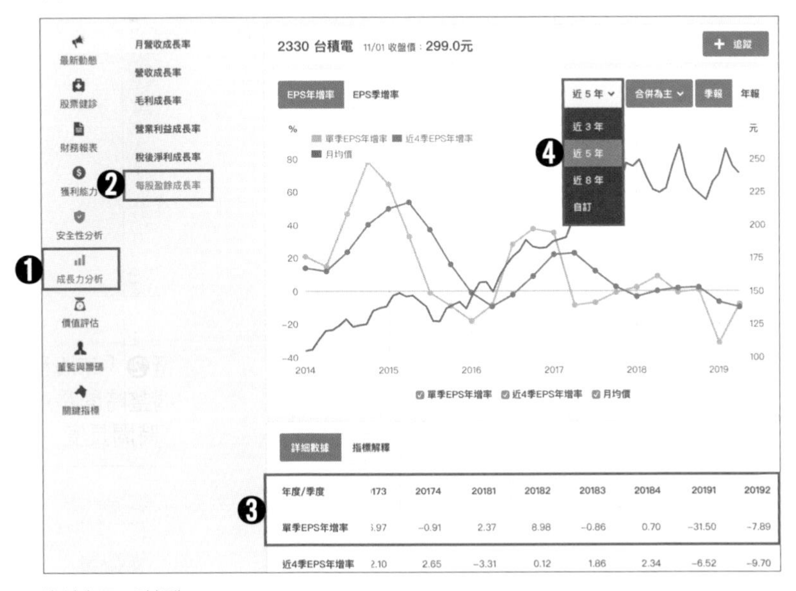

資料來源：財報狗

2-3 ROE》巴菲特最看重指標 篩出營運體質強健公司

要說誰是世界上最成功的存股投資人？絕對非股神華倫・巴菲特（Warren Buffett）莫屬。他以年化報酬率近20%的成績傲視全球，靠著投資興家發大財，蟬聯多年的全球首富。如果投資人想要向股神的戰績看齊，模仿巴菲特的選股策略，那就一定要搞懂他最為看重的財務指標——股東權益報酬率（ROE，詳見圖解教學）。

股東權益報酬率，英文全名為「Return On Equity」，中文又稱為「股本報酬率」、「股權收益率」或「股本收益率」，是一種用來衡量公司營運績效的指標，其計算公式為「稅後淨利／股東權益×100%」。

ROE愈高，代表公司愈能有效利用資本

股東權益報酬率代表股東在一家公司所擁有的股東權益（淨值或

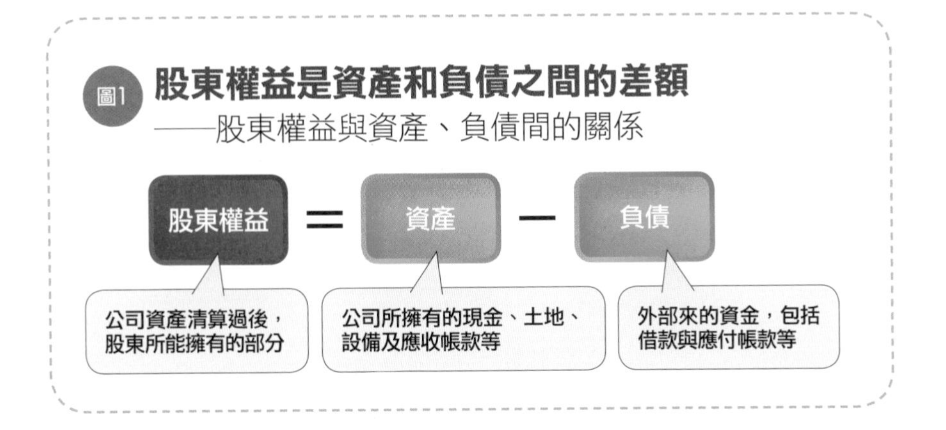

淨資產），在 1 年之內能為其賺得的淨利所換算的報酬率。簡單來說，ROE 就是公司用股東資本賺錢的效率指標。ROE 愈高，代表公司愈能有效利用手中資本，能為股東賺取更多的報酬。因此，一般在檢視該指標時愈高愈好。

想完整弄懂股東權益報酬率，就必須先從「資產」、「負債」和「股東權益」開始了解（詳見圖 1）：

1. **資產**：包括公司的機器設備、土地或存貨等，為能為公司帶來收益之資源的統稱。

2. **負債**：包括公司向銀行借款或欠其他企業的應付帳款，在未來具有償還義務，償付負債會造成資產減少。

3. **股東權益**：則是資產和負債之間的差額，即為清算公司全部資產和負債後，股東所能擁有的剩餘價值，就是大家耳熟能詳的「淨值」。

舉例來說，小美早餐店創業時股本（資本額）為 150 萬元，其中 100 萬元是由老闆小美自行出資的，剩餘 50 萬元則是來自銀行借款，隨著生意穩定，早餐店的總資產增加到 250 萬元，在扣除 50 萬元負債後，200 萬元即為該早餐店的淨值，也就是股東權益。

假設，該年度小美早餐店的年度稅後淨利為 50 萬元，ROE 就相當於 25%（50 萬元／ 200 萬元＝ 0.25）。

另一家大美早餐店，草創時股本同樣為 150 萬元，不過是由老闆大美全額出資，沒有任何負債，當早餐店資產增加到 250 萬元時，因為沒有負債，早餐店淨值（股東權益）也等於 250 萬元。

該年度大美早餐店的年度稅後淨利也為 50 萬元，其 ROE 則相當於 20%（50 萬元／ 250 萬元＝ 0.2），獲利雖然相等，但是大美早餐店的 ROE 較小美早餐店低，表示大美的股東投入更多投資資

小美早餐店ROE較高，股東資金運用效率較好
——小美早餐店與大美早餐店ROE比較

項目	小美早餐店	大美早餐店
資產（萬元）	250	250
負債（萬元）	50	0
股東權益（萬元）	200	250
稅後淨利（萬元）	50	50
ROE（%）	**25**	**20**

金，卻得到一樣的報酬，資金運用效率較差（詳見表 1）。

ROE最好＞15%，且應長期穩定成長

至於以 ROE 作為選股的標準，投資人可參考股神巴菲特對於 ROE 的要求。巴菲特曾在致股東信上表示，一家公司的 ROE 若能長期穩定在 15% 以上，就是一檔值得深入研究的標的。「15%」是個關鍵數字，但更重要的關鍵在於該公司 ROE 是否能夠「長期穩定」地維持在水平之上。

首先，高 ROE 是好公司的必要條件，如果 ROE 能夠呈現穩定趨

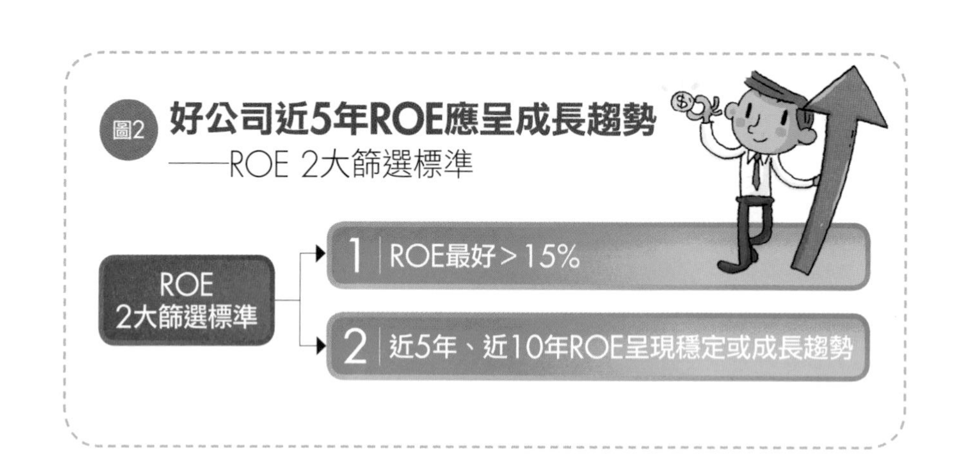

勢或持續往上，且大於 15%，代表公司的獲利能力和營運能力有一定水準。若能持續不斷提升則更佳，ROE 呈現上升的公司，自然能在未來為股東帶來更豐厚的報酬。

再者，長期區間一般是指 5 年或 10 年，依照景氣循環理論，走完一個景氣上的小循環需要約 5 年的時間，若要完成一個景氣大循環，基本上大約要 10 年的時間。因此，分別以 5 年和 10 年作為標準最為客觀且最為全面。投資人可直接將 ROE 分為近 5 年與近 10 年 2 組，分別進行穩定程度的觀察（詳見圖 2）。

1. 全家（5903）：以經營便利商店的全家為例，公司業務單純，獲利來源穩定，且近年在店數、營收與獲利都在穩定成長當中，近

5年（2014年～2018年）ROE表現也十分平穩，股價相對抗震，多在200元～220元區間游走（詳見圖3）。穩定提供股東報酬的同時，安定的股價也守護了股東的資產。

再拉長時間到近 10 年進行觀察，比較前 1 個 5 年（2009 年～2013 年）和近 5 年，全家近 5 年 ROE 明顯成長了一個檔次，股價也相較前 1 個 5 年向上躍升。在 2009 年 1 月時，股價不到 50 元，經過 10 年報酬不斷堆疊後，現在全家股價不止破百，更突破 200 元大關，10 年來的漲幅高達 4 倍之多。

此外，因為能夠給予投資人穩定的 ROE，股價就不容易受市場波動影響。像是在 2018 年年底台股跟隨全球市場下挫時，全家股價沒有因為大盤下跌而出現跟跌，反倒是逆勢上漲，是一檔值得存股型投資人關注的優質標的。

2. 鴻海（2317）：至於另外一家公司鴻海，公司主要經營資通訊產品的代工，為全球代工業龍頭，過去是不少存股族喜愛的投資標的。不過近 10 年 ROE 卻呈現下滑，表示公司獲利能力及資本使用效率都在下降，使得股價波動幅度也相對較大，近年股價更是都在低檔徘徊（詳見圖 4）。

另外，有些投資人會利用每股盈餘（EPS）作為挑選股票的指標，它與 ROE 又有什麼不同呢？主要在於計算基礎（分母）不同。巴菲特認為 ROE 是以公司股東所擁有的「淨值」，即股東投入資源作為計算基礎，而 EPS 僅以公司的資本額（股本）作為計算基礎，相較

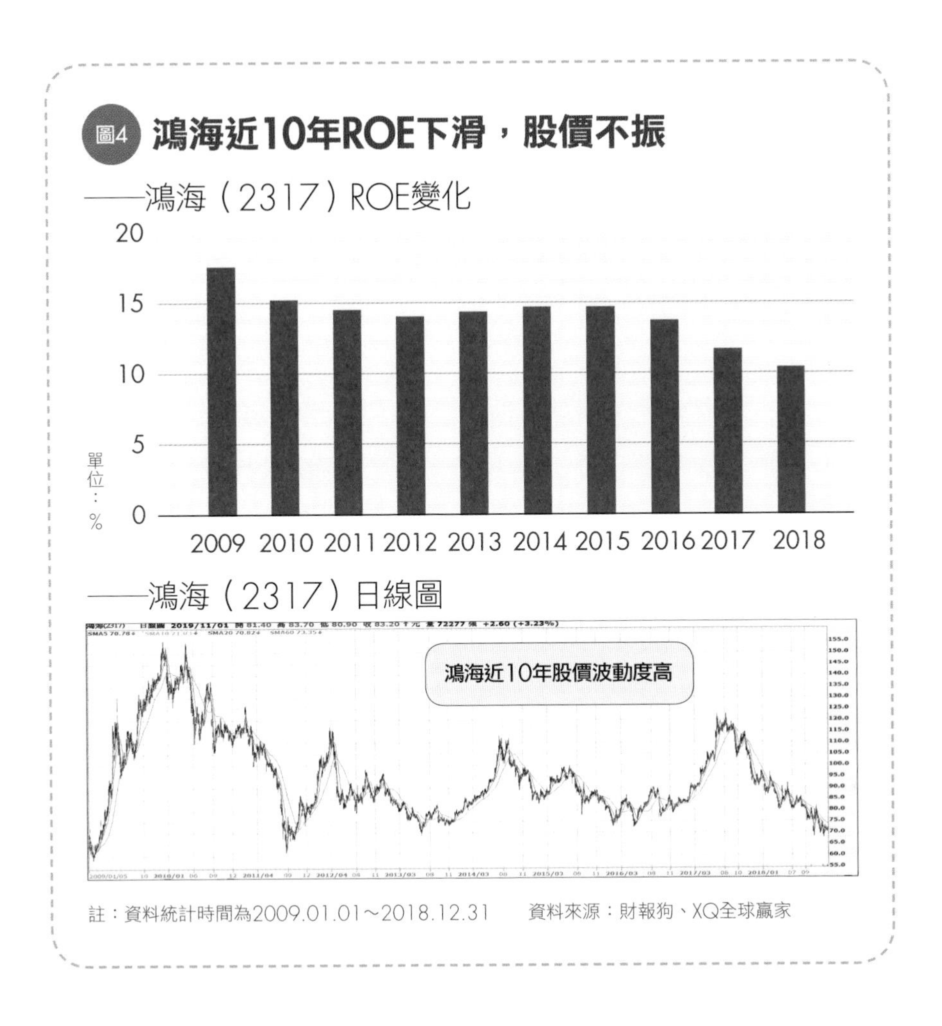

之下，ROE 較能夠真實反映出公司獲利能力。

舉例來說，假設某社區有「小 8 超商」和「你家超商」2 家超商，小 8 超商發行 1 萬股、股本為 10 萬元（每股面額 10 元）；你家超商則發行 2 萬股、股本 20 萬元（每股面額 10 元），兩者今年獲利都是 20 萬元，股東權益則為 100 萬元。而小 8 超商該年度 EPS 為 20 元，你家超商 EPS 則為 10 元，如果僅單純觀察 EPS，會認為小 8 超商營運較好。

但事實不見得如此。由前述所說，要了解一家公司真實的獲利能力，其實還應該要進一步檢視 ROE，由於兩者獲利都是 20 萬元，股東權益也相等為 100 萬元。經過計算後可知，2 家超商的 ROE 其實相同，代表獲利能力一樣，運用股東資金投資的效益不相上下，小 8 超商獲利能力並沒有高於你家超商（詳見表 2）。

以杜邦方程式分析ROE，檢視公司經營穩健度

不過，在使用 ROE 作為選股標準時，有時也會出現盲點和陷阱，因為 ROE 主要是在衡量股東權益（淨值）所產生的報酬率，所以使用「股東權益」作為分母。當股東權益發生減損時，ROE 卻會反向上漲，或是有些公司會藉由拉高負債占比，增加報酬同時增加 ROE，但是卻因負債的拉高，也增加公司的營運風險（詳見 2-5）。

若要避免陷入上述「ROE 陷阱」中，在使用 ROE 時，可以再更

EPS雖較高，但ROE相同代表獲利能力相當
——小8超商與你家超商EPS、ROE比較

項目	小 8 超商	你家超商
稅後淨利（萬元）	20	20
股本（萬元）	10	20
股東權益（萬元）	100	100
EPS（元）	**20**	**10**
ROE（%）	**20**	**20**

深入藉由「杜邦方程式」將 ROE 分拆成 3 個要素，分辨是公司營運上的哪個要素使 ROE 上升或下降，在 ROE 變動的同時，公司的經營運作和財務穩健度是否有同時改變。

杜邦方程式將 ROE 分成 3 要素：1. 淨利率、2. 總資產周轉率、3. 權益乘數，三者相乘就相當於 ROE 公式「稅後淨利／股東權益 ×100%」（詳見圖 5），方程式的目的在於找出 ROE 是由哪些因素驅動？其中一個要素提升或下降，都會導致 ROE 提升或下降：

1. 淨利率

反映公司的獲利能力，其公式為「稅後淨利／營收 ×100%」，

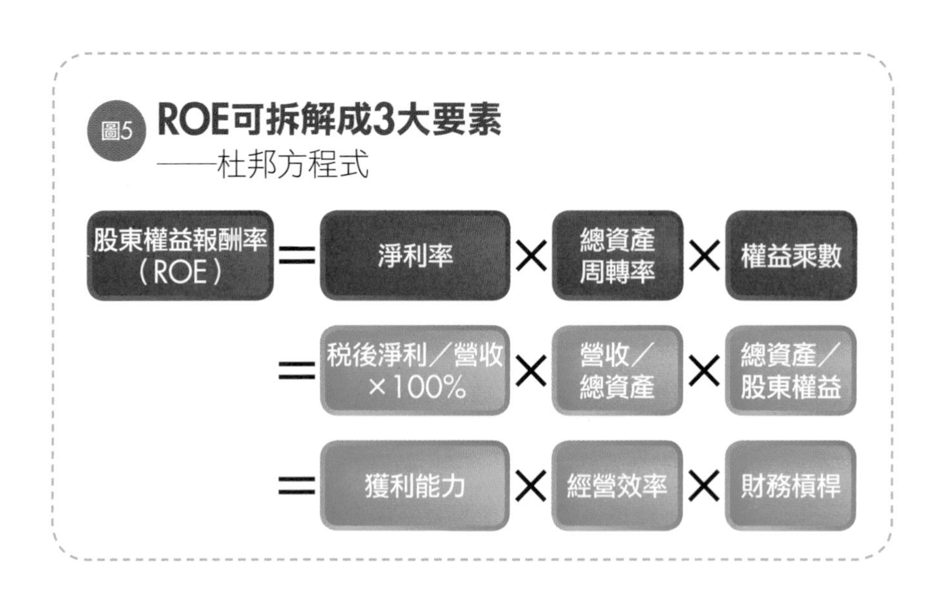

淨利率愈高，代表公司獲利能力愈強。

2. 總資產周轉率

代表公司利用資產創造營業收入的效率能力，也就是公司在銷售商品上的能力，公式為「營收／總資產」，如同經營餐廳時，常見的「翻桌率」。

3. 權益乘數

代表公司財務槓桿的大小，公式為「總資產／股東權益」，因為股東權益為資產扣除負債之剩餘，權益乘數愈高表示股東權益占比小、負債占比相對大，財務槓桿操作也愈積極。

依照各項比率對 ROE 進行分解後，再進行各項比率年度變化的比較，投資人就能更全面地掌握 ROE 的變動，從中了解 ROE 上升或下降的真正原因。一般而言，如果 ROE 上升或下降是來自於淨利率及總資產周轉率，則可視為公司營運或管理能力改善的正面或負面訊號，若是來自於權益乘數的上升或下降，就要當心債務產生的營運風險，或是公司經營轉向積極或保守。

圖解教學　查詢個股ROE及杜邦方程式分析

進入財報狗（statementdog.com）網站，輸入欲查詢的❶「股號／股名」，並且點選❷搜尋符號。此處以「台積電（2330）」為例。

STEP 2

進入個股頁面後，點選❶「獲利能力」，並點選❷「ROE／ROA」，就可以看到個股近年❸「ROE／ROA」表格。若想調整時間長度，則可點選❹「下拉式選單」進行調整，或是可手動自訂時間長度。

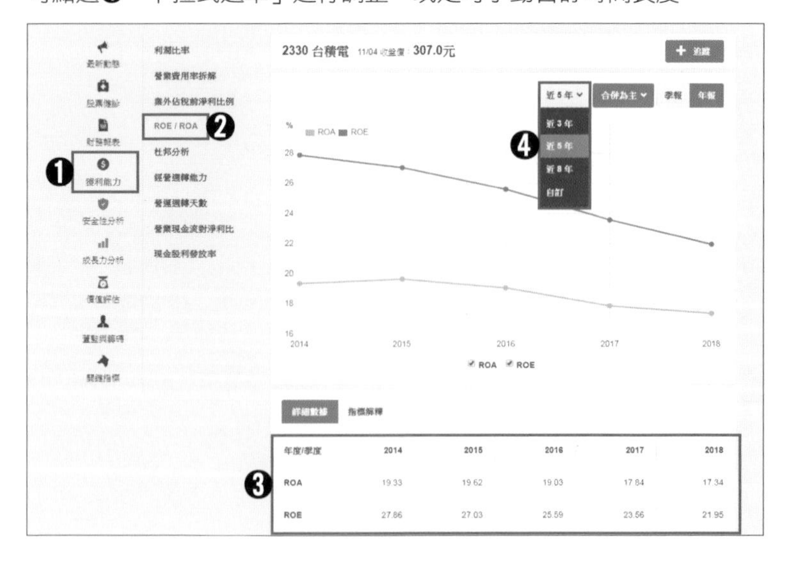

年度/季度	2014	2015	2016	2017	2018
ROA	19.33	19.62	19.03	17.84	17.34
ROE	27.86	27.03	25.59	23.56	21.95

若想進一步查看ROE杜邦方程式分析，在進入個股頁面之後，同樣點選❶「成長力分析」，並選擇❷「杜邦分析」，就可以看到個股的❸杜邦方程式拆解ROE後的各項比率表格。若想調整時間長度，則可點選❹「下拉式選單」進行調整，或是可手動自訂時間長度。

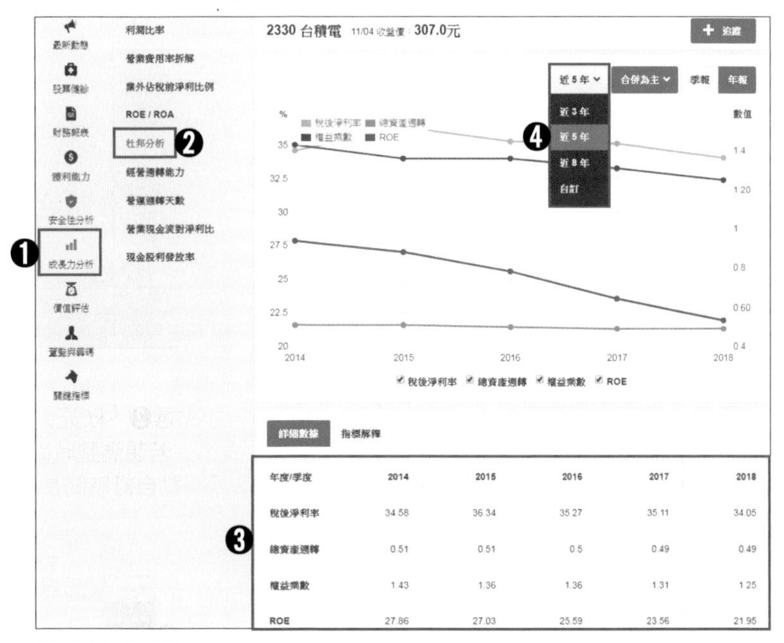

年度/季度	2014	2015	2016	2017	2018
稅後淨利率	34.58	36.34	35.27	35.11	34.05
總資產週轉	0.51	0.51	0.5	0.49	0.49
權益乘數	1.43	1.36	1.36	1.31	1.25
ROE	27.86	27.03	25.59	23.56	21.95

資料來源：財報狗

自由現金流量》正成長 確保獲利不「虛胖」

你知道不只是人會虛胖，公司的獲利也會「虛胖」嗎？有些公司年年都有獲利，看起來營運狀況相當不錯，最後仍然走向倒閉一途。為什麼賺錢的公司也會倒閉？難道是公司的財報不實？又或者是經營者掏空了公司的資金嗎？

觀察現金流量表，避開可能「黑字倒閉」的公司

這種獲利卻倒閉的情況稱為「黑字倒閉」（詳見名詞解釋），原因在於公司資金短缺，並不全是因為公司被掏空或財報不實。財務報表帳面上雖有獲利，不過公司未能收回現金，因為沒有實際的現金流入，如果公司一時周轉不靈，就有可能面臨倒閉。

投資人或許會疑惑，既然沒有收到錢，為何財報上會顯示賺錢呢？原因在於會計準則對於「收入」的認列方式，只要公司賣出貨物或

服務的動作完成，不論有沒有收到「錢」，都可在帳面上認列獲利。

舉例來說，以販賣雞蛋為主業的阿明養雞場，與小美早餐店簽訂合約，賣出 500 顆雞蛋，阿明在 1 月 1 日供貨給小美早餐店後，依照合約內容，早餐店可以在 3 個月後再付款，因此阿明在該年度 4 月 1 日才會收到這筆貨款。

由上述的時間序可知，小美早餐店和阿明養雞場完成交易的時間點在第 1 季（1 月 1 日），而阿明收到錢的時間點卻是在第 2 季（4 月 1 日）。

假設阿明在 1 月 1 日～ 3 月 31 日這段期間，並沒有收到任何貨款，營運上的支出都必須靠公司原有的資金因應，一旦公司資金不足出現斷灶，就會出現帳上有獲利，但是資金不足倒閉的情況。

如果投資人要避免買到此類可能發生「黑字倒閉」的公司，關鍵

名詞解釋

黑字倒閉

有別於代表虧損的赤字，黑字在財報上象徵公司獲利。黑字倒閉即為公司雖然帳面上有獲利，不過仍破產倒閉。原因在於公司現金流量不足，導致一時之間周轉不靈而倒閉。黑字倒閉比起在財務報表上已出現虧損的赤字倒閉，更難看出。

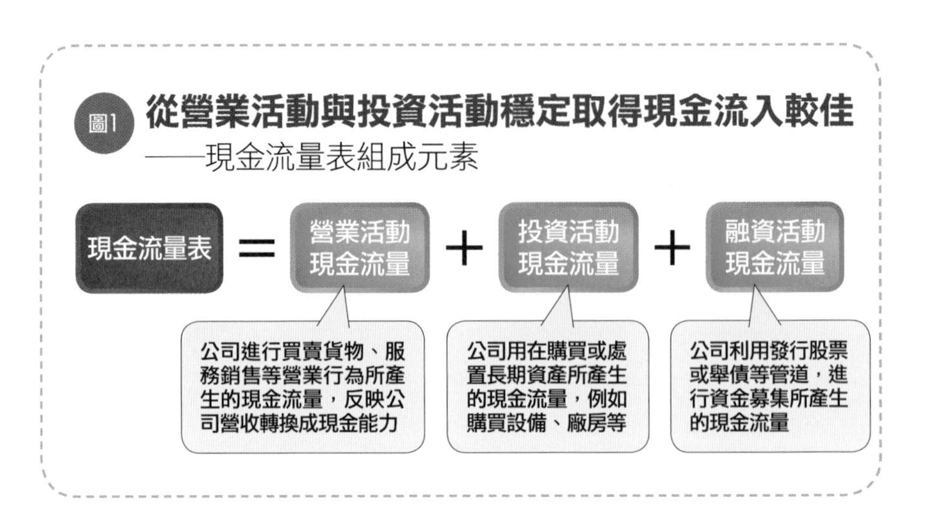

在於瀏覽財務報表中的「現金流量表」，一家公司的現金流量分別由3個部分組成：1.營業活動現金流量、2.投資活動現金流量、3.融資活動現金流量（詳見圖1）。

一家公司若能持續從「營業活動」和「投資活動」穩定取得現金流入，通常財務狀況較佳，較不會有黑字倒閉情形發生。

公司產生正數自由現金流入，才是實際獲利

對於存股型的投資人來說，從3大現金流量延伸出的「自由現金流量」，是一項絕對不能不懂的關鍵指標。自由現金流量攸關一家

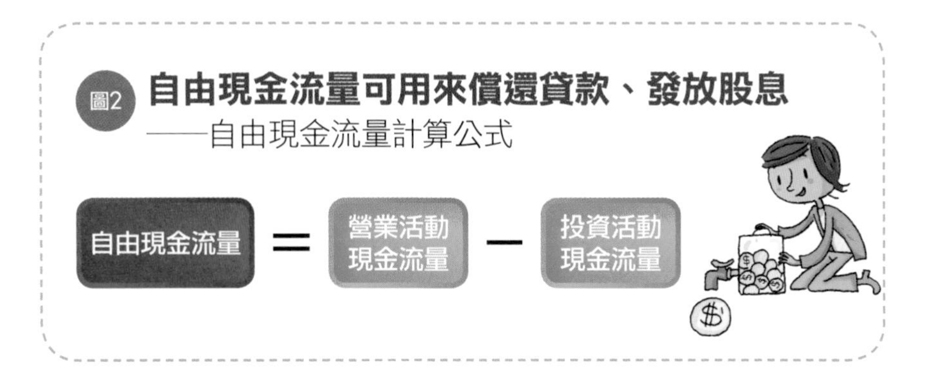

公司長期的財務穩健度，更關係著公司發放每期股利的能力，是由營業活動現金流量扣除投資活動現金流量而來。

由於營業活動現金流量，指的是企業藉由本身營運所獲得的現金，投資活動現金流量則代表企業購買廠房等長期資產投資時所付出的現金。

兩者相減之後，所能得到的資金，即為公司可以「自由」運用的資金，可以拿來償還貸款、發放股息，或是預留資金因應未來所需，因此被稱為自由現金流量（詳見圖 2、圖解教學）。

舉例來說，從大立光（3008）的簡易現金流量表中可以看出，該公司在 2018 年時，營業活動現金流量約 5,739 億 5,430 萬元，投資活動現金流量則約 3,142 億 6,890 萬元，將兩者相減過後，可得其自由現金流量高達 2,596 億 8,540 萬元（詳見圖 3）。

存股投資人最關心的現金股利，來源就是公司帳上現金，因此自由現金流量對於存股族來說格外重要！

假設，有一家成立滿 1 年的大華公司，今年度從獲利中取得 1,000 萬元的現金（營業活動現金流量），公司也決定投入 1,500 萬元購買新的機器設備（投資活動現金流量），經過計算後，可得出該公司今年度的自由現金流量為 -500 萬元（1,000 萬元－ 1,500 萬元＝ -500 萬元）。

此時，大華公司卻決定拿出 300 萬元現金進行現金股利的發放，投資人就必須當心了！大家可能會覺得疑惑：自由現金流量都為負值，公司已經沒有多餘的現金了，要如何發放現金股利呢？

事實上，就算沒有自由現金流量流入，公司也是有能力配發現金股利，公司可以從融資活動現金流量取得發放現金股利的資金，一種方式是從銀行等金融機構進行融資借款發放股利，另一種方式則是藉由向股東募資，或是由過去增資時產生的資本公積取得資金進行發放（詳見圖 4）。

圖3 2018年大立光自由現金流量逾2500億元
——大立光（3008）簡易現金流量表

	期別	108Q2	107Q2	107年度	106年度
簡明資產負債	資產總計	2,239,343,671	2,053,412,954	2,090,128,038	1,991,861,643
	負債總計	684,922,144	562,777,669	412,631,642	469,102,000
	權益總計	1,554,421,527	1,490,635,285	1,677,496,396	1,522,759,643
	每股淨值(元)	59.92			
簡明綜合損益表	營業收入	459,702,944			
	營業利益(損失)	140,570,076			
	稅前淨利(淨損)	148,727,092			
	基本每股盈餘(元)	4.94	6.25	[illegible].54	13.23
簡明現金流量表	營業活動之淨現金流入(流出)	270,431,306	290,499,278	573,954,308	585,318,167
	投資活動之淨現金流入(流出)	-178,906,424	-133,534,789	-314,268,908	-336,164,903
	籌資活動之淨現金流入(流出)	-23,343,147	-86,973,526	-245,124,791	-215,697,629

將營業活動現金流量扣除投資活動現金流量後，即可得出該公司自由現金流量

註：單位為千元　　資料來源：公開資訊觀測站

不過，對於投資人來說，公司藉由融資管道籌措發放股利的資金，長期下來並不是好現象。

因為不論是借錢或再向股東募資，這些現金都不是公司靠自身營運所賺來的，只是將股東的錢從左手搬至右手，拿股東的錢分配給股東自己。

再者，如果公司長時間的投資活動現金流出大於營業活動現金流入，遲遲無法產生正數的自由現金流入，表示公司投資和經營能力

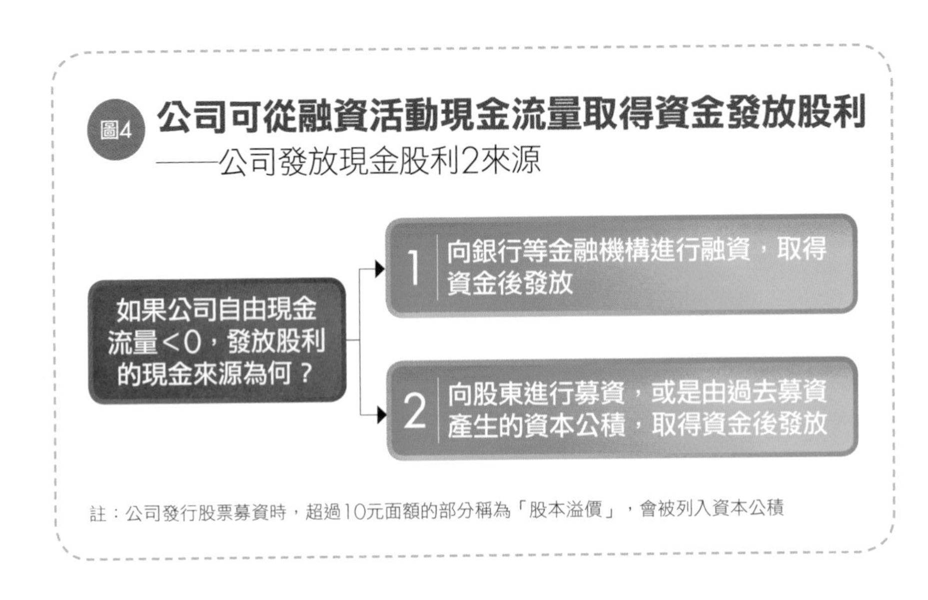

可能有問題，無法將先前的投資化為實際的獲利成果。

對股東來說，這樣的公司等於是在燒錢而不是在賺錢，甚至可能出現經營層藉由大量的外部投資，掏空公司內部資金的情形。

高自由現金流量公司具備3大優勢

因此，投資人在進行個股篩選時，最好以「高自由現金流量」的公司為主，具備高自由現金流量的公司，也往往擁有以下 3 項優勢（詳見圖 5）：

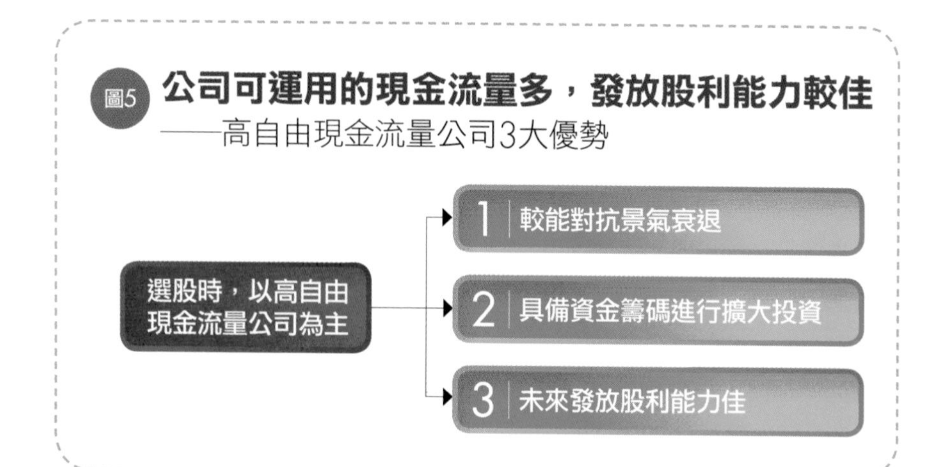

優勢 1》較能對抗景氣衰退

因為公司創造現金的能力強，手中現金較多，未來抵禦景氣下滑的能力也較好。

優勢 2》具備資金籌碼進行擴大投資

景氣轉佳時，公司手頭能投資的現金多，擴廠增產的投資能力也較佳，並不須依賴外部資金，能夠自力進行投資。

優勢 3》未來發放股利能力佳

如果公司未來沒有更好的投資機會，在不需要更多資金投入的情況下，公司可以考慮透過發放股利或減資的模式，將公司手中資金發放給股東。

而投資人在使用自由現金流量作為選股指標時，可依照下列 2 大重點進行操作：

1. **以年度資料為主**：公司營運可能會受到淡旺季的影響，所以在檢視自由現金流量時，最好是以年度資料為主，不使用季度資料。

2. **以近 5 年自由現金流量作為檢視標準**：公司為了營運發展會有投資需求，因此，自由現金流量不太可能年年都為正數。不過為求穩定，還是希望多數年為正數，且近 5 年現金流量加總須大於零。

①台積電（2330）：以全球半導體代工龍頭台積電為例，公司雖然在近年物聯網（IoT）、AI 等技術快速發展下，晶片需求不斷增加，為了因應龐大的訂單需求，公司近年持續投入資本支出、擴大產能，有相當大的投資現金流出。

不過，由近 5 年投資活動現金流量可看出，雖然台積電每年都花百億元以上的資金在擴大設備等投資上，但其近 5 年自由現金流量仍為正數，表示公司雖有大量投資，但營業活動現金流入更高，完全足以支應投資支出，不須依靠外部融資，是一家營運強健且財務

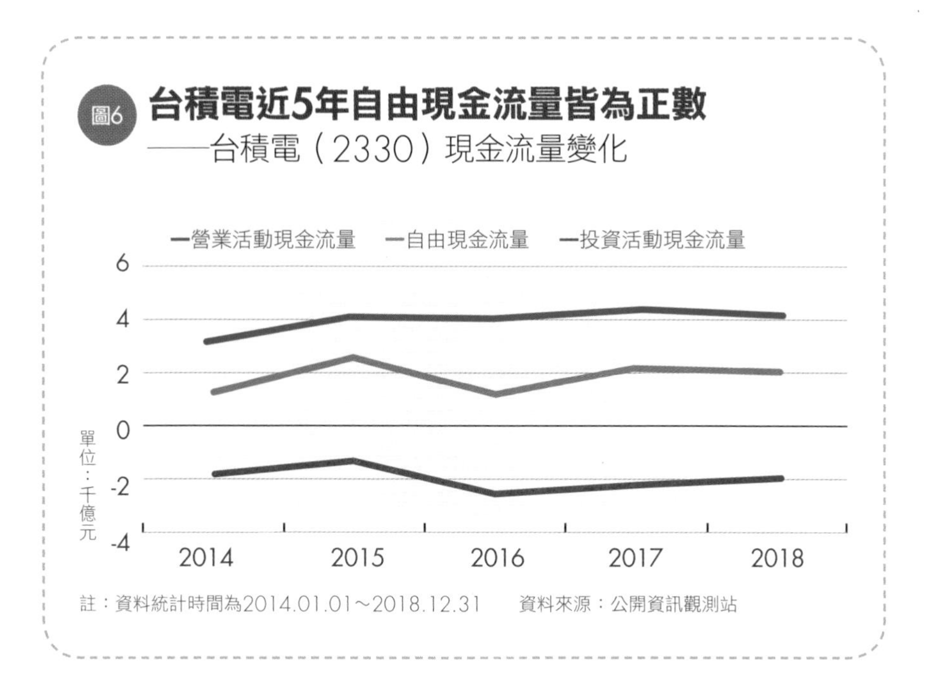

穩健的好公司（詳見圖 6）。

②裕隆（2201）：至於台股中另一家公司裕隆，雖然貴為台灣汽車業龍頭，不過近年營運卻受兩岸車市急凍與自主品牌投資不利的影響。

近 5 年（2014 年～ 2018 年）在財報帳面上雖都有獲利，不過營業活動現金流量與投資活動現金流量多為負數，導致自由現金流

圖7 裕隆無法將獲利轉為實質現金，股價持續走弱

註：資料統計時間為2014.01.01～2018.12.31　資料來源：公開資訊觀測站、XQ全球贏家

量也都為負數，代表公司雖然有獲利，但是難以將獲利轉為實質現金流入，自然影響企業營運與財務穩健度，股價也隨著營運的不利及財務能力的下滑，不斷走弱（詳見圖7）。

表1 裕隆近5年仍配發股利，但來源並非實質獲利
——裕隆（2201）EPS與股利發放狀況

年度	2014	2015	2016	2017	2018
EPS（元）	1.51	2.29	0.91	1.56	1.39
現金股利（元）	0.70	0.90	0.50	0.58	0.67
股票股利（元）	0.00	0.00	0.00	0.00	0.00

資料來源：財報狗

進一步檢視裕隆的股利發放，可以看見公司近年每股盈餘（EPS）為正數，也都能發放現金股利，不過因為自由現金流量為負，表示公司股利來源並非來自獲利的實質轉換，對照圖7的融資活動現金流量，股利來源極有可能公司從外部融資而來（詳見表1）。在投資上，應該要避免這類帳面獲利，實際卻無現金流入的公司。

圖解教學　查詢個股自由現金流量

進入財報狗（statementdog.com）網站，輸入欲查詢的❶「股號／股名」，並且點選❷搜尋符號。此處以台積電（2330）為例。

STEP 2

進入個股頁面後，點選❶「財務報表」，並點選❷「現金流量表」，就可以看到個股近年❸「現金流量表」。若想調整時間長度，則可點選❹「下拉式選單」進行調整，或是可手動自訂時間長度。

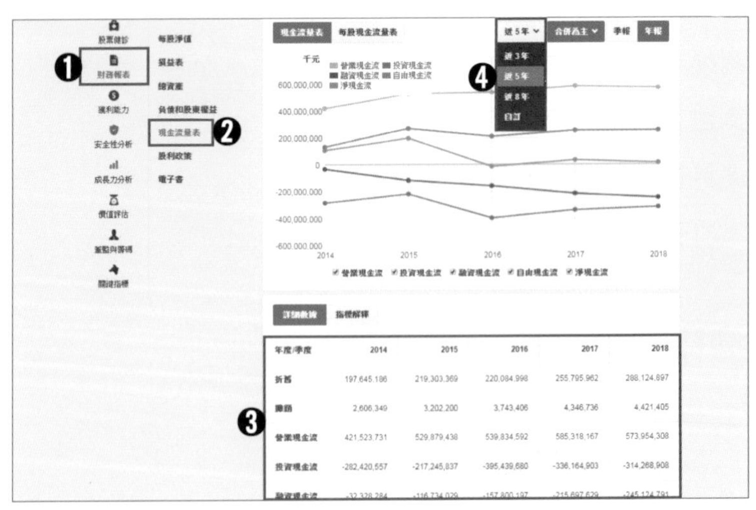

年度/季度	2014	2015	2016	2017	2018
折舊	197,645,186	219,303,369	220,084,998	255,795,962	288,124,897
攤銷	2,606,349	3,202,200	3,743,406	4,346,736	4,421,405
營業現金流	421,523,731	529,879,438	539,834,592	585,318,167	573,954,308
投資現金流	-282,420,557	-217,245,837	-395,439,680	-336,164,903	-314,268,908
融資現金流	-32,328,284	-116,734,029	-157,800,197	-215,697,629	-245,124,791

資料來源：財報狗

負債比》分析債務來源 避開高風險地雷股

企業在成立之初或後續要擴張時，除了向股東增資募集資金外，也可以進行公司債的發行，或是向銀行等金融業者進行融資，這部分不來自於股東的資金，就稱為公司的「負債」。

「水能載舟，亦能覆舟。」負債除了增加營運資源、提高公司獲利外，也可能成為經營上的負擔。公司的負債愈多，所要負擔的利息也就愈多，營運風險也就愈高，一旦公司被銀行抽銀根，負債過高且無力償還時，就只能走向破產倒閉一途，投資人的投資也將一無所有。

負債比＜50%，公司財務體質較健全

為了避免投資到未來可能倒閉的股票，認識負債的來源及學會評估負債的方法和指標，對於存股型投資人來說，是非常重要的一門

學問。其中，最簡單的方法就是利用「負債比」這項指標（詳見圖解教學）。

什麼是負債比呢？簡單來說，就是一家公司負債占資產的比率，計算公式為「負債比＝總負債／總資產 ×100%」。基於公司的全部資產，來自於股東的投入（股東權益）和外部借款（負債）所組成，負債比和股東權益占資產的比率（權益比）相加就等於 1（100%），一家公司的股東權益如果愈少，代表負債占比愈多，負債比自然愈高，抵禦營運風險的能力自然愈差（詳見圖 1）。

負債占比最好是低於 50%，表示股東權益占比高於 50%，能夠覆蓋與支應負債，也代表股東較願意出資支持公司；若負債比高於 50%，甚至高達 80% 或 90% 時，就必須多留意這家公司的財務狀況，當未來營運面臨風險或產業狀況不佳時，一旦公司獲利不足以償債，在龐大利息成本下，過高負債將使公司倒閉。

以大同集團旗下的太陽能廠綠能（已下市）為例，過去公司主業為生產太陽能矽晶圓，屬於高資本支出產業，因此仰賴借款進行規模擴大和製造，在公司本身負債就高，且產業過度競爭及產品報價不斷走低下，負債比在 2018 年第 2 季開始迅速升高，最後在第 4 季超過 100%，甚至衝破 120%，在資產小於負債的情況下，公司

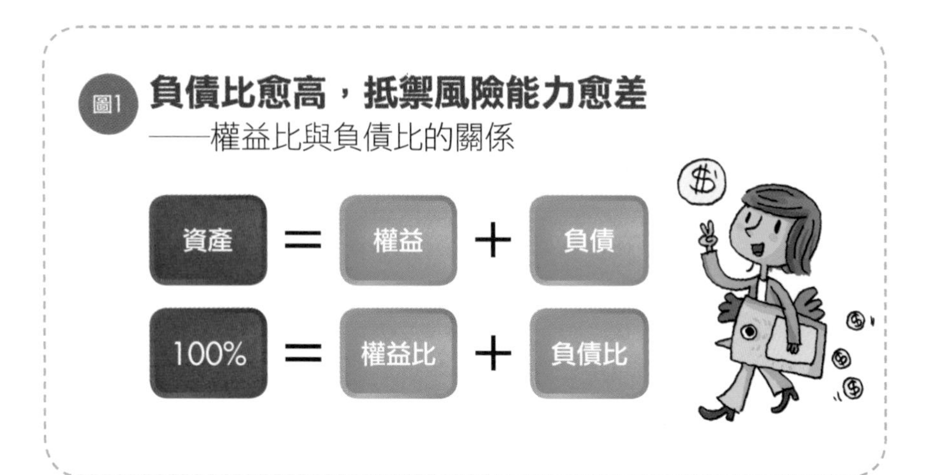

最終只能聲請破產重整（詳見圖 2）。

不過，並不是所有高負債比的公司，都是不好的投資標的。「負債比＜ 50%」僅是透過負債評估公司的第 1 道把關標準。

金融業與超商業負債比雖高，但仍是優質標的

但其實，有許多好公司的負債比都相當高，以 2 種產業為例：

1. 金融業

以金融業而言，就不適合單純僅以負債比進行評估，以銀行為例，

銀行獲利來自於存戶存款和借款人借款之間的利差，主要資金來自於存款，被視作銀行業者的「負債」，營運模式不同一般公司，負債比自然較高（詳見表1），若只用負債比進行篩選，會錯過許多優質的金融股。

因此，投資人可以進一步分析公司的各項負債，掌握負債來源和債務到期日的遠近，了解各項負債的不同，避免錯殺值得存股買進的優質龍頭股。首先，根據負債的來源不同，我們能將負債分為不

銀行股負債比大多在80%～90%左右
——銀行股近5年負債比數據

名稱（股號）	2014年	2015年	2016年	2017年	2018年
彰　銀（2801）	93.43	93.21	93.14	92.88	92.48
京城銀（2809）	88.46	88.02	86.56	86.37	87.48
台中銀（2812）	93.23	93.06	93.40	93.45	93.08
臺企銀（2834）	95.49	95.42	95.27	95.21	94.76
高雄銀（2836）	95.79	95.48	95.13	94.61	94.61
聯邦銀（2838）	93.36	93.09	93.20	91.48	92.27
遠東銀（2845）	93.05	92.87	92.71	92.56	92.87
安泰銀（2849）	91.65	90.55	89.99	89.62	89.31
王道銀行（2897）	89.49	90.48	90.77	91.46	91.26
上海商銀（5876）	90.58	90.41	90.10	90.60	90.59

註：單位為％　　資料來源：財報狗

須付利息的「好債」（例如應付帳款和合約負債，詳見圖3）與須付利息的「壞債」。

2. 超商業

以統一超（2912）、全家（5903）等超商業者為例，雖然這些公司的負債比較高（詳見圖4），不過那是因為公司銷售對象多為一般消費者，可以直接收現，收款不會有時間延遲，但在繳付貨款

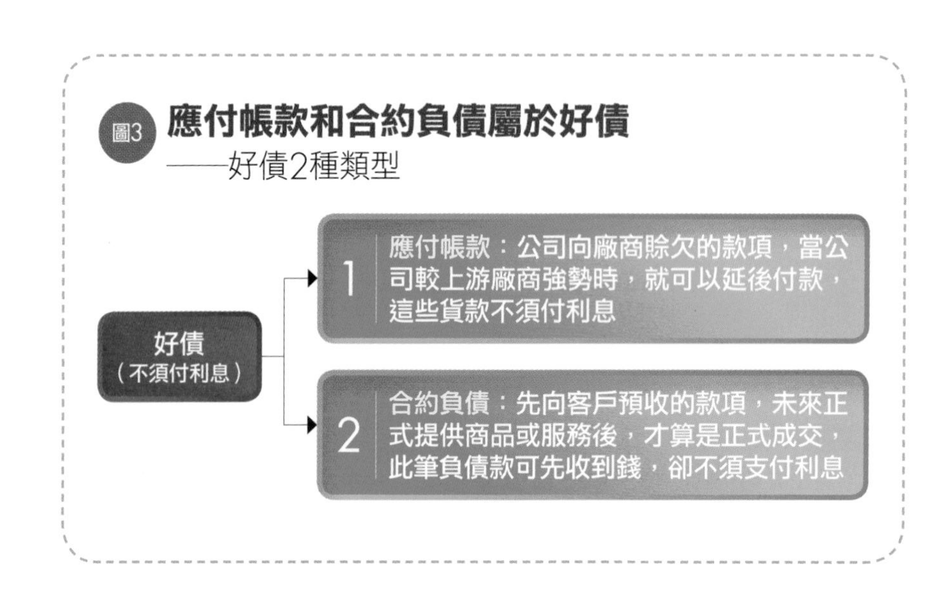

時，因為本身規模較大，可以向供貨廠商要求延後付款，給予更長的賒帳期限，使得負債中的「應付帳款」較高，但是公司可在這段時間內將資金彈性應用，該項負債不用付息，甚至能在銀行孳息，或是做其他周轉創造更高獲利。

至於「合約負債」，則是向客戶預收的款項。像超商業者販售給消費者的「禮券」，不用先提供商品和服務，但是可以先收到現金。舉例來說，小明向小 8 超商購買 1 萬元禮券，此會被記載為小 8 超商的合約負債，未來小明拿禮券消費時，才會再列入公司收入中，合約負債使公司可以先收錢，將來又會變成收入，該筆負債不僅不

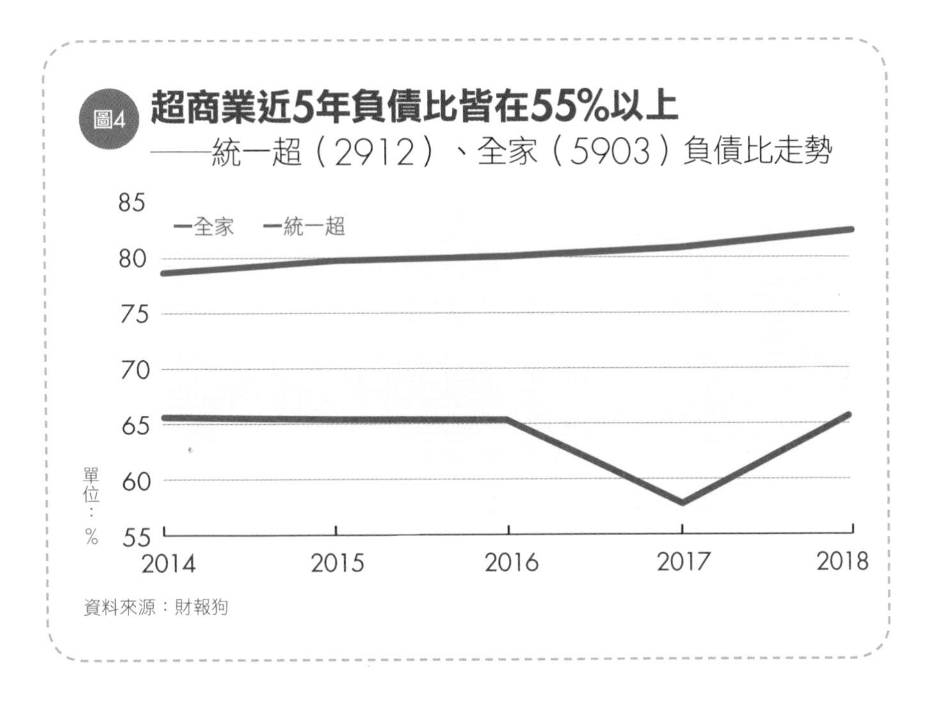

用付息，更是獲利來源之一。

2大指標檢視公司負債是否處於安全水位

除了支付利息與否的好債與壞債之分外，負債又可依照償還時間的遠近，分為 2 種類型（詳見圖 5）：

1. 流動負債（還款期限在 1 年內）：流動負債指的是必須在 1 年

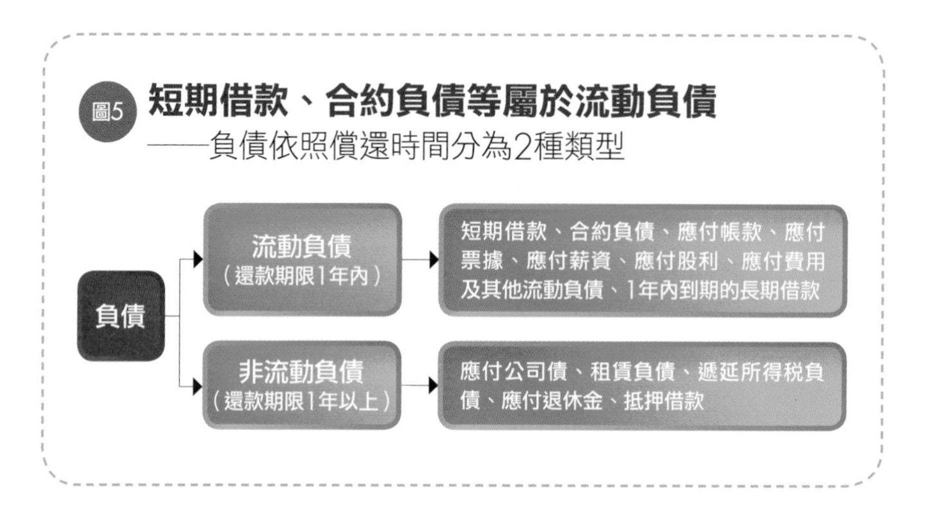

內（營業週期）償還的借款。例如向供貨商進貨的「應付帳款」，1 年內到期的「長期借款」、預先向客戶收款的「合約負債」，或是準備支付股東的「應付股利」等。多數情況下，公司針對這類流動負債是不需要額外支付利息的。

2. 非流動負債（也稱長期負債，還款期限在 1 年以上）：非流動負債指的是還款期限有 1 年以上（營業週期）的借款，大多用來做長期性投資。例如購買廠房或不動產等產生的「抵押貸款」、「應付公司債」，或是未來要支付給員工的「應付退休金」等。多數情況下，只要能夠按期地正常繳息，照理說銀行無法要求提前清償借款，因此長期借款可視為公司的穩定資金。

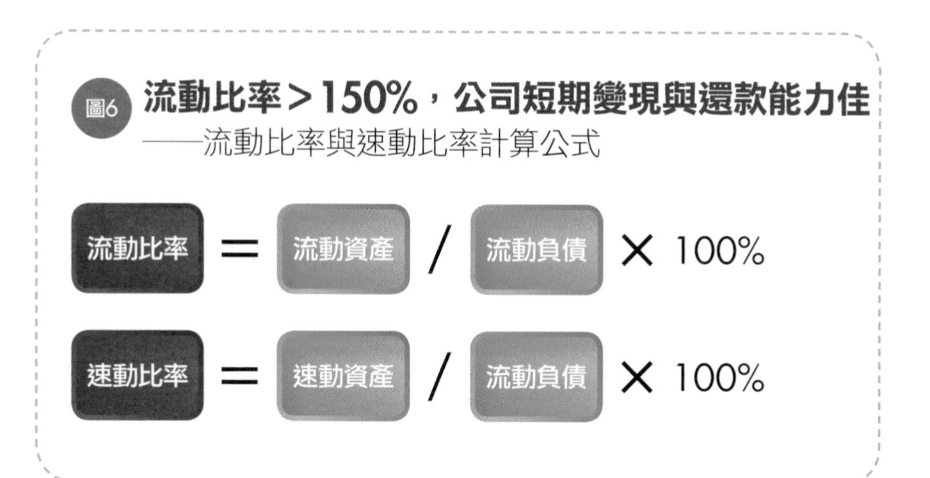

圖6 **流動比率>150%，公司短期變現與還款能力佳**
——流動比率與速動比率計算公式

至於，該如何檢視公司債務狀況是否處於安全水位，可依照下面 2 大指標為準：

指標 1》流動比率、速動比率> 100%

流動負債因為償還期限較短，因此需要變現性較好的流動資產作為償還來源（詳見圖 6）。

流動資產相對於流動負債的倍數為「流動比率」，能充分反映公司短期變現與還款能力，通常數字愈高，代表公司短期內的償債能力愈強、財務愈安全，該比率最少要超過 100%，表示能夠因應 1 年內的負債償還，如果該比率能超過 150% 具備安全邊際者更佳。

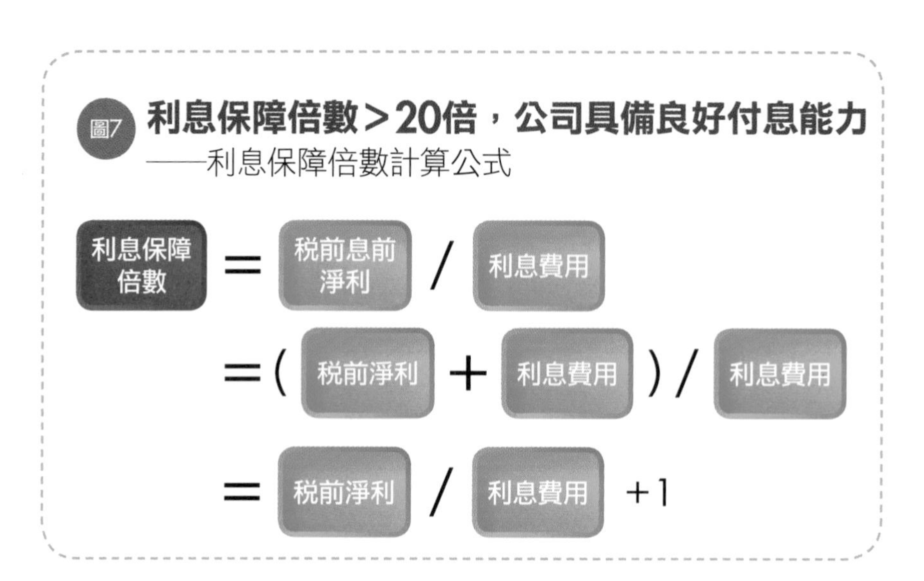

流動資產進一步扣除變現能力較差的存貨，以及已經付給廠商的預付費用後，可得更易變現的速動資產。將其除以流動負債後可得「速動比率」，該比率超過 100%，代表公司具備應付緊急償債的能力，不易因一時周轉不靈而倒閉。

指標 2》利息保障倍數＞ 2 倍

負債占比較高的公司，可以進一步檢視公司的付息能力，以「利息保障倍數」指標進行評估（詳見圖 7）。利息保障倍數，是用來衡量一家公司支付利息的能力，數值愈高表示償債付息的能力愈強，計算公式為「利息保障倍數＝稅前息前淨利／利息費用」，即為稅前淨利加回利息費用後，除以總利息費用所得倍數，也就相當於「稅前淨利／利息費用＋1」。

從綜合損益表中就可看到「稅前淨利」金額，不過「利息費用」被歸類在「營業外收入及支出」的「財務成本」之中，並無法直接從綜合損益表中取得，須往下查閱附註才能知道。

一般在使用該項指標時，利息保障倍數 2 倍為及格，大於 20 倍表示償債能力佳，公司具備很好的付息能力。

圖解教學　查詢個股負債比相關數據

進入財報狗（statementdog.com）網站，輸入欲查詢的❶「股號／股名」，並且點選❷搜尋符號。此處以台積電（2330）為例。

STEP 2

進入個股頁面後，點選❶「安全性分析」，並點選❷「財務結構比率」，就可以看到個股近年❸「負債比」表格。若想調整時間長度，則可點選❹「下拉式選單」進行調整，或是可手動自訂時間長度。

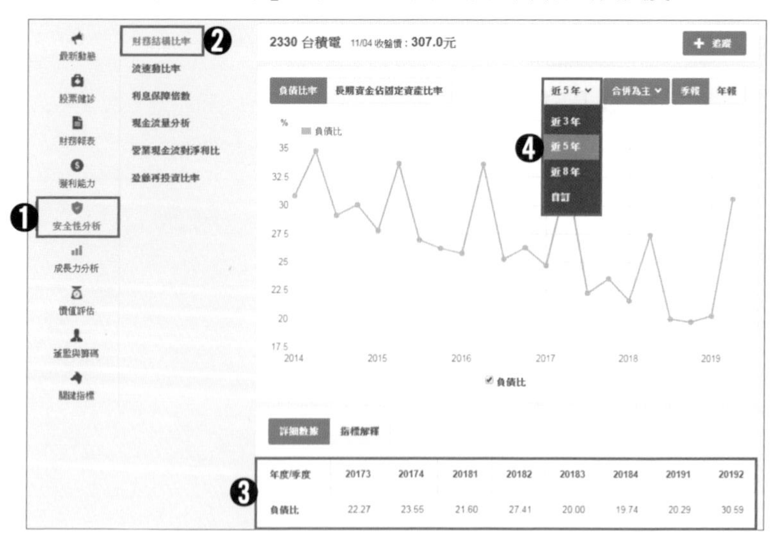

STEP 3

在同一頁面，點選❶「安全性分析」，並點選❷「流速動比率」，就可以看到個股近年❸「流動比與速動比」表格。若想調整時間長度，則可點選❹「下拉式選單」進行調整，或是可手動自訂時間長度。

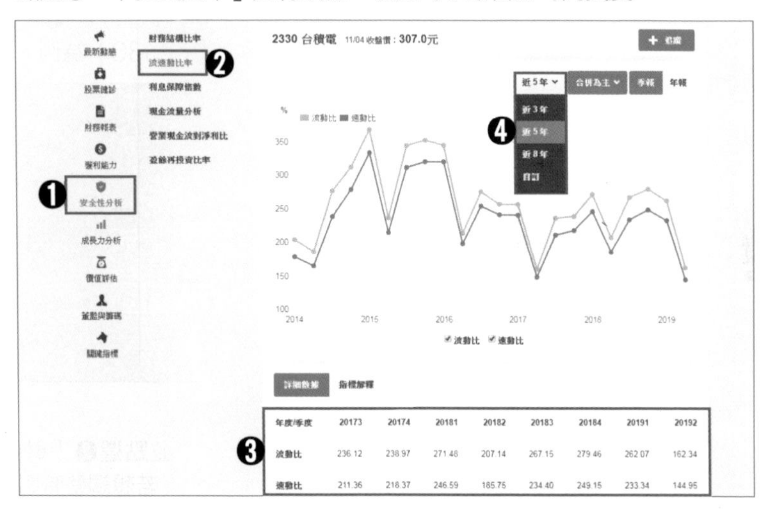

STEP 4

在同一頁面，點選❶「安全性分析」，並點選❷「利息保障倍數」，就可以看到個股近年❸「利息保障倍數」表格。若想調整時間長度，則可點選❹「下拉式選單」進行調整，或是可手動自訂時間長度。

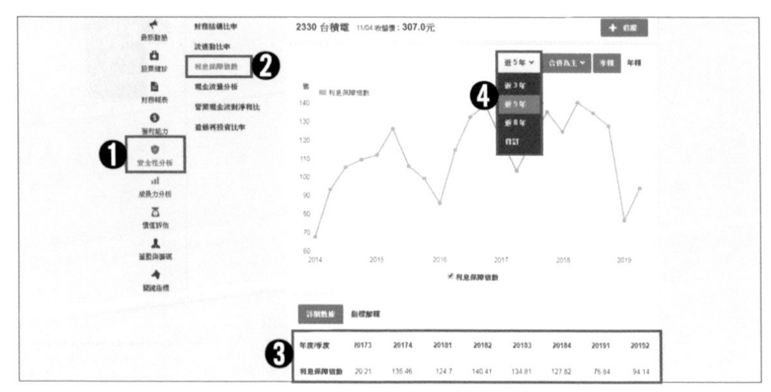

資料來源：財報狗

選擇合適工具 事半功倍

3-1 存績優零股 賺取長期穩健報酬

看完財務指標的介紹以後，接著來看該如何選擇標的。基本上存零股，是為了追求長期穩健的報酬。而這句話裡面，藏有兩個關鍵詞，第 1 個是「長期」，第 2 個是「穩健的報酬」。

長期持有股票孳息，才能發揮複利效果

先來看「長期」。你是否有想過，多久的時間才算是長呢？5 年？10 年？還是 20 年？雖然每個人對於長期的定義各不相同，但我們可以參考股市達人的標準。股神巴菲特（Warren Buffett）曾經說過，「如果你不願意持有 1 檔股票 10 年之久，最好連 10 分鐘也不要持有。」為什麼需要持有 10 年這麼長的時間呢？其實是為了發揮複利的效果。

什麼是複利呢？根據《教育部國語辭典》的解釋，複利是指「到

持有時間愈長，本金成長幅度愈大

——以投資10萬元在年化報酬率5%的股票為例

	期初投入本金（元）	投資年數（年）	期末總金額（元）
圓圓	10萬	1	10萬5,000（10萬×（1＋5%））
胖胖	10萬	10	16萬2,889（10萬×（1＋5%）^{10}）

註：整數以下採無條件捨去法；不計股價漲跌幅

期不提取利息，而將利息與本金相加，作為下一期本金，再生利息。」看起來好像很複雜對不對？會這樣想，是因為複利用文字描述會讓人很難理解。但是，它的概念其實很簡單，白話來說，就是「用錢滾錢」。

舉個例子來看就能夠理解，在不考慮其他條件的情況下，同樣投資10萬元在1檔年化報酬率5%的股票，圓圓買進1年後就立刻賣出，胖胖則是買進10年後才賣出，兩人最後總金額相差多少元呢？答案是胖胖比圓圓多出5萬7,889元，而這多出的部分，就是複利的威力（詳見表1）。是不是覺得很神奇？在報酬率是正數的情況下，透過複利加乘，只要持有股票的時間愈長，能賺到的錢也就愈多。

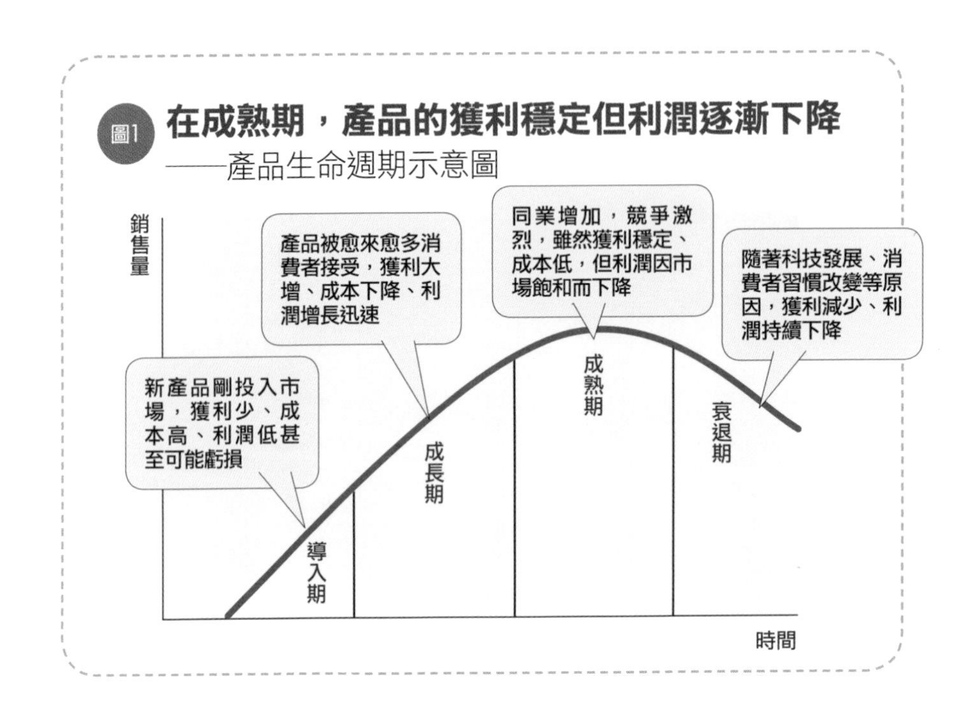

產品生命週期較長的公司，股價相對穩健

接著來看「穩健的報酬」。為什麼需要穩健的報酬呢？這是因為10年對多數人來說，是一個很漫長的時間，若是股票的報酬率不斷高低起伏，相信大家抱起來也不會安心。至於哪種類型的股票會有穩健的報酬呢？很簡單，就是產品生命週期較長（詳見圖1），其所提供的產品或服務穩定，且會持續存在的公司，例如食品股、金融股、電信股等，股價也相對穩健。

食品股、金融股股價相對穩健，適合長抱
——產品生命週期長vs.短公司

股票類型	特性	個股	評價
食品股、金融股、電信股	公司產品生命週期長，且提供的產品或服務穩定，股價相對穩健	大統益（1232）、中華食（4205）、中華電（2412）等	適合長抱
電子股、轉機股、景氣循環股	公司產品生命週期短或隨景氣更迭循環，股價波動劇烈	神盾（6462）、正新（2105）、國巨（2327）等	不適合長抱

反之，哪種類型的股票，報酬會不穩定呢？通常產品生命週期短的電子股、轉機股（指基本面不佳，但隨著整體產業環境轉佳，或因為營運好轉，預期未來營運會漸入佳境的上市公司股票）和景氣循環股（隨景氣、原物料或產業更迭循環的公司，包含煤炭、石油、天然氣、鋼鐵、水泥、塑化、航運、營建、汽車……）等類型的股票，股價波動劇烈，報酬會較不穩定（詳見表 2）。以上的說明可能有點抽象，舉幾個例子來看就知道了：

案例 1》大統益（1232）

大統益成立於 1982 年，聚焦於黃豆相關製品（如大豆油、大豆粉等）與多項植物油品（如棕櫚油或芥花油等）的生產與販售，是台灣知名大豆加工廠之一，也是台灣最大的食用油脂製造商。

基本上，大統益從公司成立以來，其產品始終著重於黃豆製品與植物油品上，未有太大更動。而就K線圖來看，近5年大統益的股價亦沒有太多波動，穩定向上（詳見圖2）。

案例2》神盾（6462）

神盾成立於2007年，主要業務為生物辨識感測IC及應用裝置，例如電容式指紋辨識IC和光學指紋辨識IC，占營收比重99.39%。指紋辨識IC算不算是穩定的產品呢？我們用蘋果（Apple）推出的iPhone手機來說明，你就知道答案了。蘋果在2014年9月推出iPhone 6，主打指紋辨識系統，然而到了2017年11月推出iPhone X以後，就已改打臉部辨識系統。

短短3年多的時間，指紋辨識系統就已經被臉部辨識系統替換，雖然其他手機也陸續導入指紋辨識系統，且近期有傳言蘋果將改回指紋辨識系統，但後續情況如何尚未可知。因此，就穩定的角度而言，指紋辨識IC不算是穩定的產品，隨時有被替代的可能。而就K線圖來看，近5年神盾的股價也不斷起起伏伏，不適合長抱（詳見圖3）。

近5年來，大統益股價穩定向上
——大統益（1232）日線圖

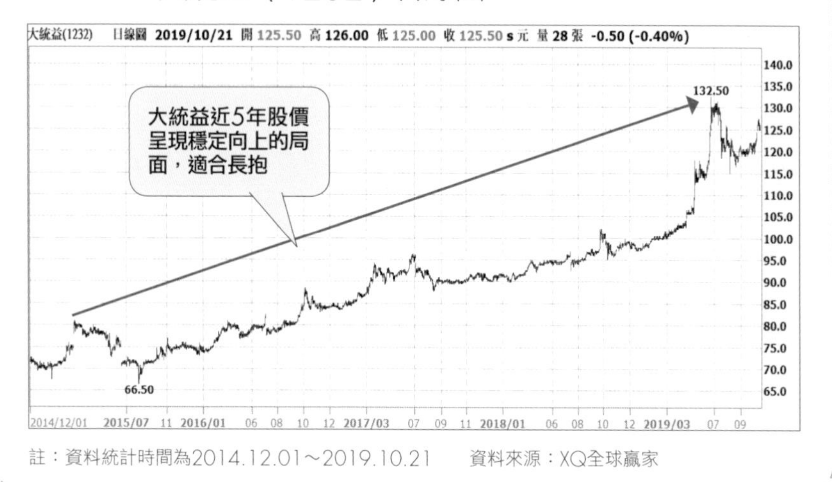

註：資料統計時間為2014.12.01～2019.10.21　　資料來源：XQ全球贏家

案例 3》國巨（2327）

國巨成立於 1996 年，主要產品為積層陶瓷電容器（MLCC）和晶片電阻器。2017 年、2018 年由於智慧型手機等成長期市場需要的被動元件增加，但日本、韓國的被動元件廠商卻在 2016 年就已紛紛調整戰略，逐步轉向汽車電子等高容、高規產品，放棄低附加價值的「MLCC」等，使得全球產能出現短缺。

受到缺貨題材影響，國巨在 2017 年至 2018 年多次調漲 MLCC

圖3 近5年來，神盾股價漲跌起伏不定
——神盾（6462）日線圖

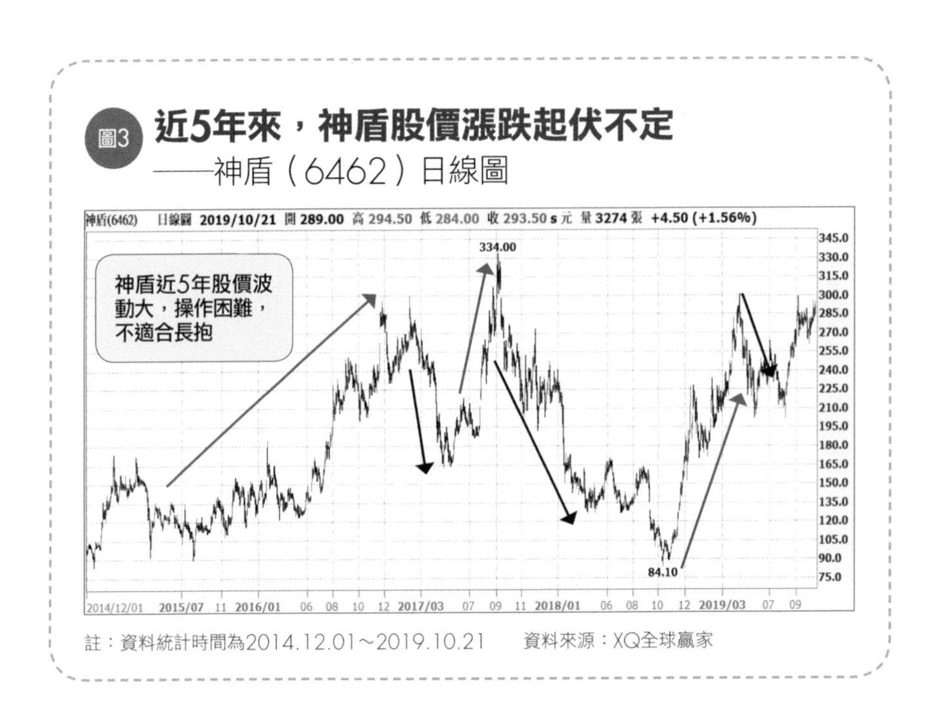

註：資料統計時間為2014.12.01～2019.10.21　資料來源：XQ全球贏家

價格，其股價亦由2017年11月23日的收盤價300元，攀升至2018年7月3日的最高價1,310元。但是，自2018年7月10日傳出大股東鉅額釋股1萬2,000張、套現近120億元之後，股價一路崩跌，至2018年10月底，股價又回到300元左右（詳見圖4）。

從前述3個案例可看出，像大統益這類可長期提供穩定產品的公司，只要公司獲利沒有轉差，股價就能安穩地向上提升，投資人可

圖4 國巨股價快速攀升後，又迅速崩跌
——國巨（2327）日線圖

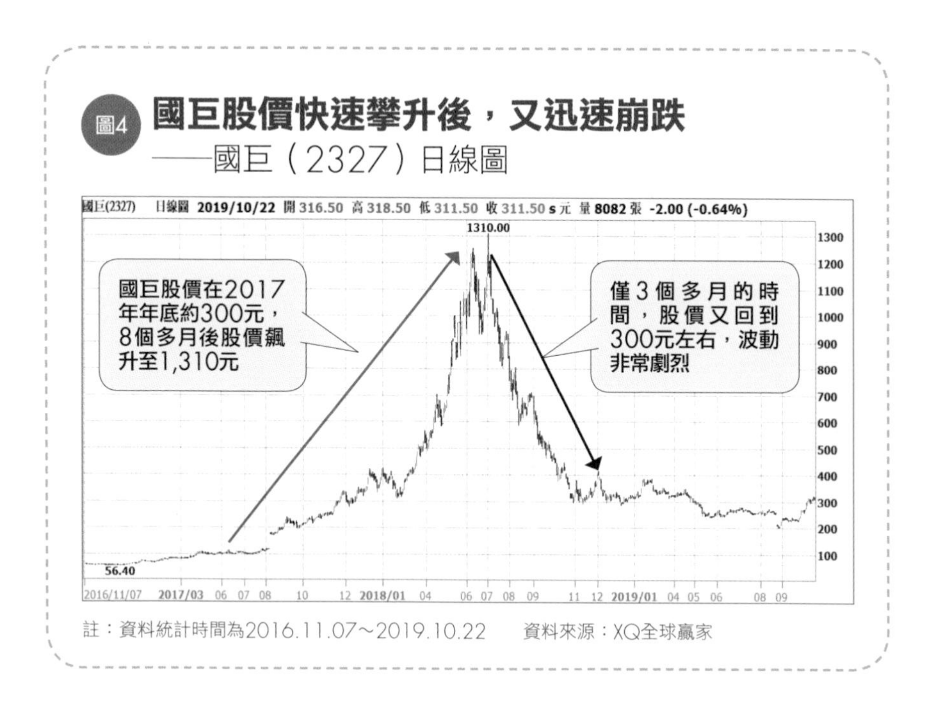

註：資料統計時間為2016.11.07～2019.10.22　資料來源：XQ全球贏家

以安心長抱。反之，像是神盾、國巨這種產品生命週期短、易受題材影響，股價漲跌劇烈的股票，因為操作上較為困難，不適合長抱。

了解適合存零股的產業以後，下一步就是從中挑選合適的個股。至於該怎麼挑選呢？很簡單，試想一下，假設你今天是一家公司的老闆，你會挑選怎樣的員工幫你賺錢呢？是各方面表現都很優秀的人才，或是只有一項表現特別突出，其他方面卻不及格的人才，還是各方面表現都很平庸的人呢？

善用財務5指標，挑出績優好股

我想大家都會想要挑選各方面表現都很優秀的人才吧，甚至直接就選擇公司裡大家公認的第 1 名員工。至於該怎麼確認這位人才各方面的表現呢？在無法撥出時間，逐一面對面交流的情況下，最簡單的方式就是看他過去的業績、工作完成度等等。

而挑選個股時也是一樣，我們會希望可以挑到產業中表現良好的股票。至於該怎麼做呢？可以利用各項財務指標，像是股利、EPS（每股稅後盈餘）、ROE（股東權益報酬率）、自由現金流量和負債比等來評選各家公司，再從中找出個股績優生（詳見表 3，財務指標的詳細介紹請見第 2 章）。

若是不知道該怎麼挑選的話，也可以直接選擇該產業的第 1 名，也就是俗稱的龍頭股，像是食品業的統一（1216）、電信業的中華電（2412）等。

零股成交量愈高，交易成功機率愈高

大家在存零股時，除了關注財務指標以外，還需要留意個股的成交量。為什麼要留意個股的交易量呢？這是因為在股票市場上，買

表3 績優股每年皆配發現金股利，且股利持續成長——挑股財務指標

指標	篩選標準
股利	每年配發現金股利且配發金額穩定或長期向上
EPS	EPS 為正數，最好是逐年穩定增加
ROE	近 5 年或 10 年 ROE 平均值> 15%
自由現金流量	近 5 年自由現金流量加總> 0 元
負債比	近 1 季負債比< 50%

賣零股的人比買賣整張股票的人來得少，可能出現你想買的股票沒有人賣，或是你想賣的股票卻沒有人想買的情況。例如，你在盤後掛單買進 500 股，最後只成交 200 股。

為了避免上述這種情形，在選零股標的時，在經過財務指標篩選後，最好也將零股成交量納入考量，以熱門的股票為優先，也就是優先挑選零股成交量較高的股票，交易成功的機率也會比較高。

假若你青睞的股票成交量較低的話，由於零股是依照價格優先順序成交，因此為了提高成交的機率，可以考慮提高掛出的單價，例如在收盤價上高出 2、3 檔以上的價位等。

了解完選股的眉角以後，接著來看該如何實際運用，下面以中華食（4205）為例：

案例》中華食

中華食成立於 1980 年，主要以販售豆腐、豆花、火鍋料等為主，市面上常見的中華豆腐、中華豆花都是其主力食品。

觀察 2014 年～ 2018 年的財務數據可以發現，中華食近 5 年每年都有配發現金股利，且配發金額都在 1.5 元以上；近 5 年 EPS 都為正數且有增加的趨勢；近 5 年 ROE 平均值為 16.13%，大於

表4 中華食年年配發現金股利，且近1季負債比＜50%

指標	2014 年	2015 年
現金股利（元）	1.5	2.0
股票股利（元）	0	0
EPS（元）	1.90	2.51
ROE（%）	11.89	15.27
自由現金流量（元）	1 億 6,078 萬	1 億 7,380 萬
負債比（%）	17.52	17.98

註：現金股利和股票股利皆為股利所屬年度　資料來源：公開資訊觀測站

15%，且雖然 2018 年 ROE 數值略微下滑，但仍在 15% 以上，整體而言仍屬於向上趨勢；自由現金流量加總也大於零；且近 5 年負債比，以及 2019 年第 2 季的負債比（27.94%）皆小於 50%，完全符合標準（詳見表 4）。

接著，拉開 K 線圖來看，發現中華食的股價長期穩定向上，可以長抱（詳見圖 5）。

最後，可以再觀察中華食的零股成交量，上證券櫃檯買賣中心網站（www.tpex.org.tw/web/index.php ?l=zh-tw）查詢以後可以

——中華食（4205）近5年財務數據

	2016 年	2017 年	2018 年
	1.5	3.0	2.8
	1.1	0	0
	3.09	3.28	3.05
	17.67	19.06	16.75
	2 億 6,762 萬	2 億 1,281 萬	2 億 1,335 萬
	18.00	17.08	18.26

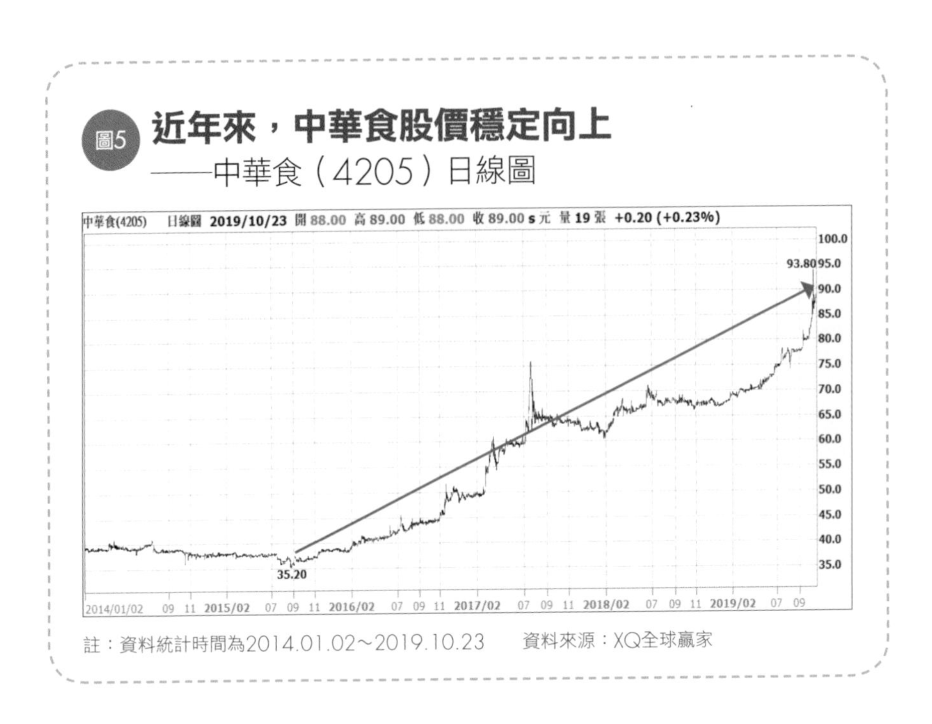

圖5 **近年來，中華食股價穩定向上**
——中華食（4205）日線圖

註：資料統計時間為2014.01.02～2019.10.23　　資料來源：XQ全球贏家

得知，2019 年 10 月 23 日中華食零股成交股數 620 股，在整體食品類股中成交量偏低，故可以將單價掛高一點，例如比收盤價提高 5 檔價位（亦即比收盤價多出 0.5 元）等，以提高成交機率（上市櫃零股成交量的查詢方式，詳見圖解教學❶、❷）。

圖解教學❶ 查詢上市個股的零股成交量

登入台灣證券交易所網站首頁（www.twse.com.tw/zh），點選❶「交易資訊」，在下拉選單的❷「盤後資訊」中選擇❸「零股交易行情單」。

頁面跳轉後，出現的是全部上市股票的零股盤後相關資訊。若想要查詢個別類股，可以點選❶「分類項目」的下拉選單，此處以食品股為例。選擇❷「食品工業」後按❸「查詢」。

查詢日期：民國 108 年 10月 18日 ❶ 分類項目：全部 ❸ 查詢

全部
全部(不含權證、牛熊證、可展延牛熊證)
封閉式基金
ETF
受益證券
認購權證(不含牛證)
認售權證(不含熊證)
牛證(不含可展延牛證)
熊證(不含可展延熊證)
可展延牛證
可展延熊證
附認股權特別股
附認股權公司債
認股權憑證
水泥工業
❷ 食品工業
塑膠工業
紡織纖維
電機機械
電器電纜

108年10月18日 零

列印 / HTML　CSV 下載

每頁 10 筆

證券代號	證券名稱	成交股數	成交筆數	成交金額			揭示買量
0050	元大台灣50	28,798	391	2,531,190			9,724
0051	元大中型100	300	4	10,904			3,308
0052	富邦科技	0	0	0			3,933
0053	元大電子	41	1	1,590			1,058
0054	元大台商50	0	0	0			1,599
0055	元大MSCI金融	671	6	12,646	18.85	18.85	2,411

接續下頁

接著會出現食品工業零股盤後的相關資訊，像是成交股數、成交筆數、成交金額等等，可以點選❶「成交股數」向下的箭頭，表格會自動將成交股數以多至少排列。從圖中可以看出2019年10月18日零股成交股數最多的股票是❷大成（1210），成交了2萬1,947股。

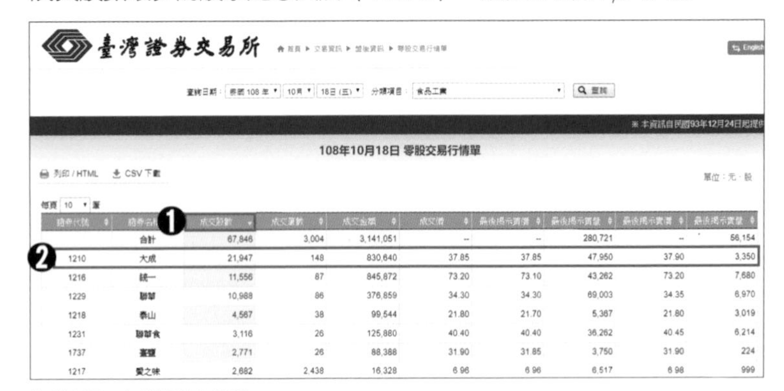

108年10月18日 零股交易行情單

證券代號	證券名稱	成交股數	成交筆數	成交金額	成交價	最後揭示買價	最後揭示買量	最後揭示賣價	最後揭示賣量
	合計	67,846	3,004	3,141,051	--	--	280,721	--	56,154
1210	大成	21,947	148	830,640	37.85	37.85	47,950	37.90	3,350
1216	統一	11,556	87	845,872	73.20	73.10	43,262	73.20	7,680
1229	聯華	10,988	86	376,859	34.30	34.30	69,003	34.35	6,970
1218	泰山	4,567	38	99,544	21.80	21.70	5,387	21.80	3,019
1231	聯華食	3,116	26	125,880	40.40	40.40	36,262	40.45	6,214
1737	臺鹽	2,771	26	88,388	31.90	31.85	3,750	31.90	224
1217	愛之味	2,682	2,438	16,328	6.96	6.96	6,517	6.98	999

資料來源：台灣證券交易所

圖解教學❷ 查詢上櫃個股的零股成交量

登入證券櫃檯買賣中心（www.tpex.org.tw/web/index.php？l=zh-tw），點選❶「上櫃」，在下拉選單❷「盤後資訊」中選擇❸「零股交易資訊」。

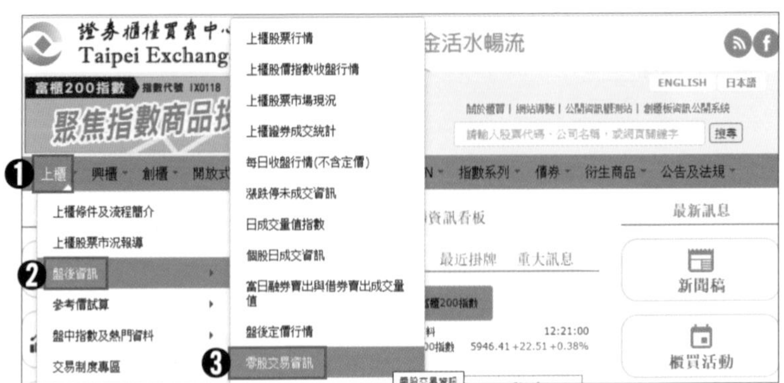

頁面跳轉後會出現全部上櫃股票的零股盤後相關資訊，像是成交股數、成交筆數、成交金額等等，可以點選❶「成交股數」向下的箭頭，表格會自動將成交股數以多至少排列。從圖中可以看出2019年10月18日零股成交股數最多的股票是❷力致（3483），成交了2萬2,095股。

上櫃 興櫃 創櫃 開放式基金 黃金現貨 ETF ETN 指數系列 債券 衍生商品 公告及法規

▶ 上櫃條件及流程簡介
▶ 上櫃股票市況報導
▼ 盤後資訊
上櫃股票行情
上櫃股價指數收盤行情
上櫃股票市場現況
上櫃證券成交統計
每日收盤行情(不含定價)
漲跌停未成交資訊

首頁 > 上櫃 > 盤後資訊 > 零股交易資訊

零股交易資訊

日報表 周報表 月報表 年報表

資料日期：108/10/18 列印/匯出HTML 另存CSV

本資訊自民國96年1月起開始提供，民國92年4月至95年12月資訊由此查詢

顯示 10 筆資料

代號	名稱	❶ 成交股數	成交筆數	成交金額	成交價格(元)	未成交買價	未成交買量	未成交賣價	未成交賣量
❷ 3483	力致	22,095	130	1,595,222	72.20	72.00	2,259	72.20	17,157
6138	茂達	19,344	86	1,326,969	68.60	68.50	124,853	68.60	29,767

資料來源：證券櫃檯買賣中心

圖解教學❸ 用財務指標篩出好公司

登入財報狗首頁（statementdog.com），點選頁面左上方❶「選股」，在下拉選單選❷「自訂選股」。

接續下頁

頁面跳轉後即可輸入選股條件，以現金股利為例，點選左方❶「財務數據條件」，選擇❷「股利政策」，在現金股利下方設定❸「近五年平均大於0元」，點擊❹向右箭頭就會進入自選條件。接下來，再依照上述方式將其他條件都設定好以後，便可點選❺「開始選股」。

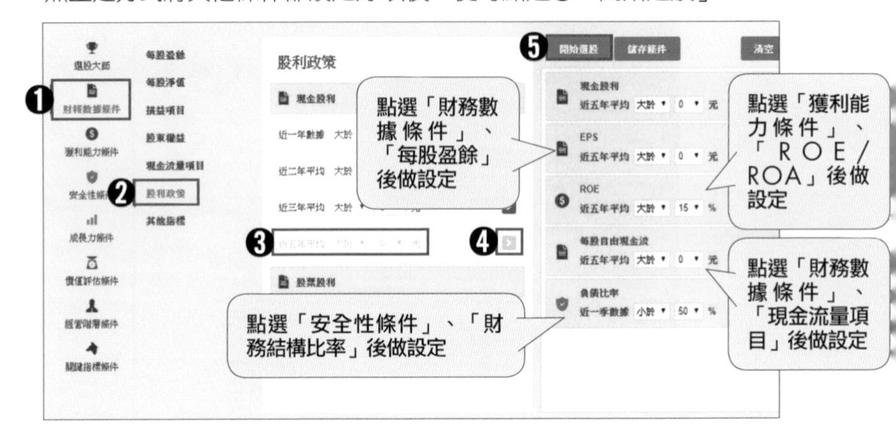

STEP 3

接著會出現符合條件的個股清單，可以按照設定的條件排序，例如想知道近5年現金股利發放金額最多的公司，可點選❶「現金股利近五年平均（元）」，便會依照這項條件排序。若想將篩選條件儲存下來可以點選❷「儲存篩選條件」。

現金股利近五年平均大於0元　EPS近五年平均大於0元
ROE近五年平均大於15%　每股自由現金流近五年平均大於0元
負債比率近一季數據小於50%

❷ 儲存篩選條件

編號	個股代號	最新收盤價(元)	近1年漲跌幅(%)	近3年漲跌幅(%)	近5年漲跌幅(%)	❶ 現金股利近五年平均(元)	EPS近五年平均(元)	ROE近五年平均(%)	每股自由現金流近五年平均(元)	負債比率近一季數據(%)	加入追蹤
1	3008 大立光	4665.00	41.5	33.3	111.3	63.7	173.96	36.46	162.22	24.24	+
2	1565 精華	460.00	-13.5	-26.6	-6.2	25.17	31.99	33.42	28.05	35.76	+
3	8299 群聯	287.00	29.8	24.4	37.9	13.44	22.74	20.78	19.39	30.85	+
4	5274 信驊	813.00	58.0	80.2	229.4	12	14.3	31.86	15.27	35.10	+
5	1264 德麥	223.00	13.0	15.8	-6.5	10.5	13.19	21.86	12.43	24.77	+

接著，在新跳出的視窗上可以選擇清單編號，共有5組清單可使用，此處選擇❶「清單編號1」。此外，也可以修改❷「清單名稱」來提醒自己，例如可以將清單名稱改為「存零股」，設定完畢後點選❸「儲存」。

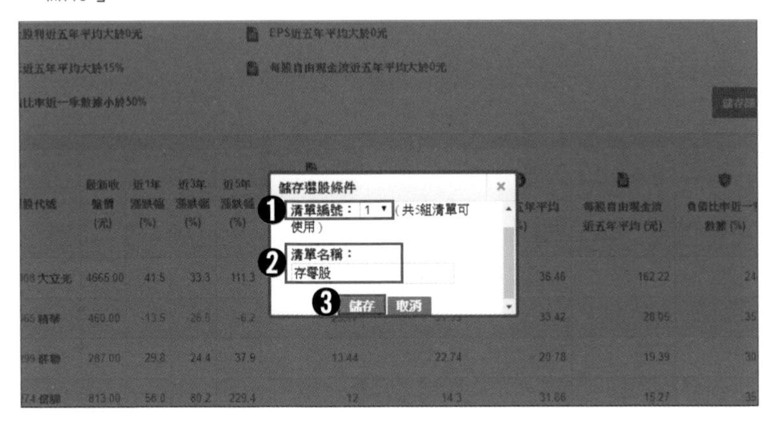

頁面跳轉後可發現選股條件已經存進清單1裡，之後若要篩選個股就不用再重新輸入條件。重複Step 1的步驟後，依序點選❶「選股大師」、❷「我的選股清單」、❸「清單1」、❹「開始選股」即可。

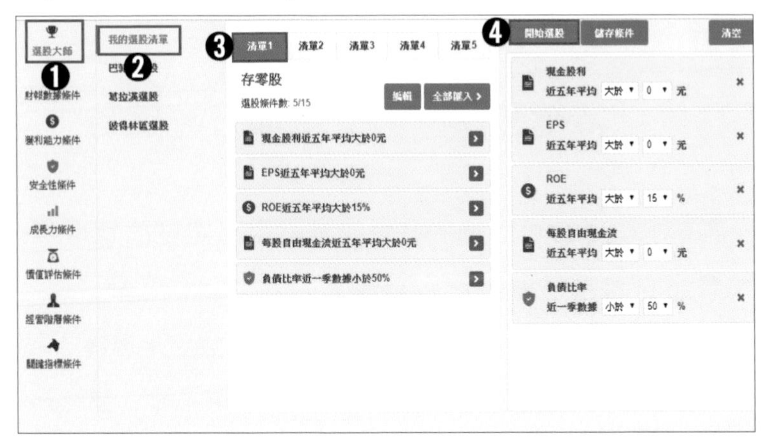

資料來源：財報狗

挑對ETF布局一籃子標的 輕鬆參與大盤漲幅

看完該如何挑選適合存零股的個股以後，相信有些人會覺得，可是我上班、上課或做家務很忙啊，沒有時間做那麼多投資功課，有沒有更簡單一點的方法呢？答案是有的，那就是不要存個股，改存ETF。什麼是 ETF ？ ETF 的英文全名是 Exchange Traded Fund，中文名稱為「指數股票型基金」，是指一種追蹤標的指數表現、可在證券交易所買賣的基金。

ETF集結多檔股票，分散股價波動風險

簡單來說，你可以把 ETF 想成是股票市場裡的資優班，將表現比較好的個股聚集在一起，形成 1 檔基金。例如，元大台灣 50（0050）是將台股市值前 50 大的股票挑選出來成為 1 檔 ETF，其中包含台積電（2330）、鴻海（2317）等股票。這表示你只要買進這一檔 ETF，這檔 ETF 裡面的所有股票就可以一起幫你賺錢。

與個股相比，ETF 的好處在於它的價格波動較小。舉例來說，假設今天鴻海因為遭受利空衝擊，股價跌停板，價格下跌 10%。但因為鴻海只占 0050 約 5.03% 的權重（2019 年 10 月 28 日資訊），故而對於 0050 來說，只會因此下跌 0.503%。況且，0050 的 50 檔成分股並不一定會在同一天都下跌，有些個股可能還會上漲。在各種力道拉扯之下，0050 的股價波動勢必會比單一個股來得小，風險也較小。

此外，就好像資優班會因為目的不同而分成舞蹈班、體育班、美術班等，ETF 也會因為側重方向不同而分成不同類別。台灣現有 ETF 可分為 3 類，分別是證信託 ETF、境外 ETF 和期貨 ETF。其中，證信託 ETF 又可分為國內成分證券 ETF、國外成分證券 ETF（含連結式 ETF）、槓桿型及反向型 ETF。期貨 ETF 又可分為原型期貨 ETF、槓桿型及反向型期貨 ETF（詳見圖 1、表 1）。

看到這裡是不是有點霧煞煞，覺得 ETF 似乎比股票更加難懂了？事實上並沒有，其實你只要把 ETF 想成「在集中市場買賣的基金」就可以了。

基本上，ETF 的操作方式和股票幾乎是一樣的，像是 ETF 和股票的零股的交易時間都是在 13:40 ～ 14:30，並在 14:30 進行撮合

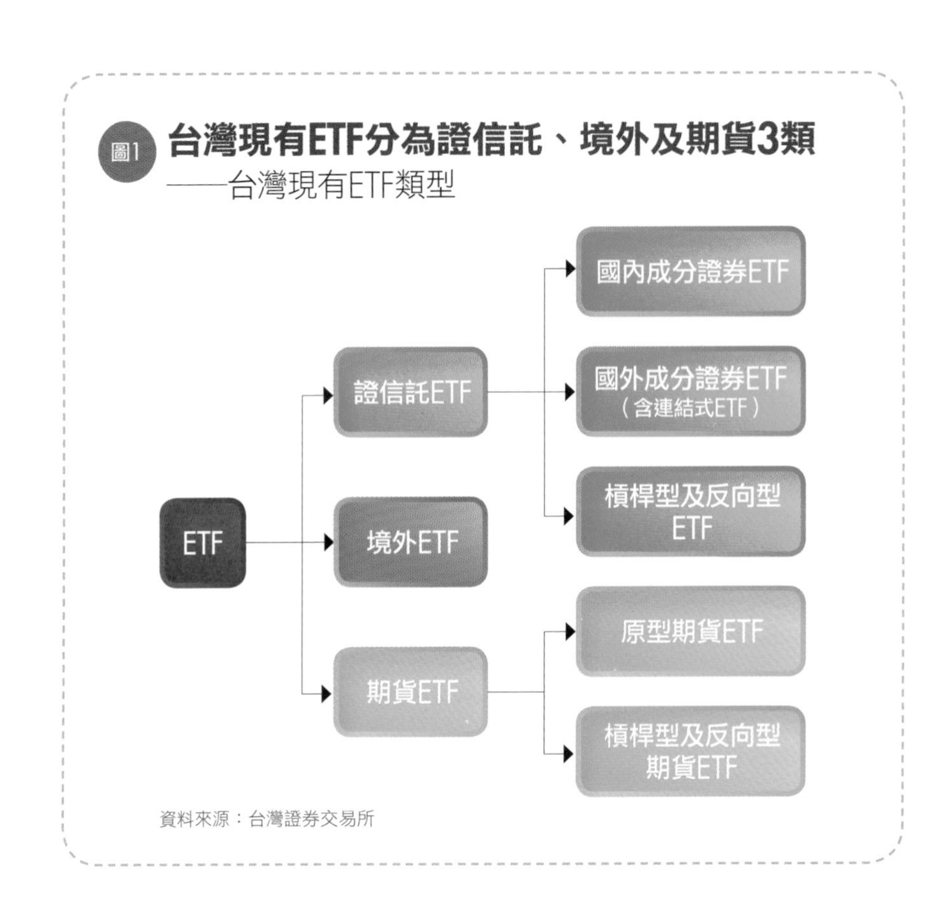

成交。交易成功後的 2 日內將資金存入交割戶即可。

兩者最大的差異在於，ETF 具有基金的性質，除了手續費、證券交易稅以外，還需要內扣管理費和保管費；而股票只需要繳手續費和證券交易稅而已。雖然 ETF 要繳的費用種類較多，但不代表投資

台灣現有ETF以證信託ETF為主，共110檔

——台灣現有ETF類型、上市檔數及名稱

ETF 類型		目前上市檔數	配息與否	例子
證信託ETF	國內成分證券ETF	23 檔	O	元大台灣 50（0050）、元大高股息（0056）等
	國外成分證券ETF（含連結式 ETF）	50 檔	部分配息	元大上證 50（006206）、元大 S&P 500（00646）等
	槓桿型及反向型 ETF	37 檔	X	元大台灣 50 正 2（00631L）、元大台灣 50 反 1（00632R）等
境外 ETF		1 檔	X	BP 上證 50（008201）
期貨ETF	原型期貨 ETF	7 檔	X	富邦 VIX（00677U）、元大 S&P 黃金（00635U）等
	槓桿型及反向型期貨 ETF	9 檔	X	元大 S&P 原油正 2（00672L）、元大 S&P 原油反 1（00673R）等

註：資料日期為 2019.10.24　　資料來源：台灣證券交易所

ETF 會比投資股票還貴。因為就證交稅而言，股票要繳 0.3%，而 ETF 只要 0.1%，費用是股票的 1/3（詳見表 2）。

至於哪些 ETF 適合存零股呢？ 3-1 有提到，由於存零股是為了追求長期穩健的報酬，因此該檔 ETF 是否有配息是重要的判斷基準。

現有ETF中，僅國內成分證券ETF適合長期持有

就國外成分證券 ETF（含連結式 ETF）而言，多數都不配息，再加上其含有海外股票，價格無漲跌幅限制，波動相對較大，不是合適的標的。就境外 ETF 而言，台灣目前僅發行 1 檔，且無配息，可以將之剔除。就槓桿型及反向型 ETF 和期貨 ETF 而言，因為是使用衍生性金融商品模擬指數波動，因此不會配息。而且 3 者都只適合短期操作，不適合長期持有，故也不用考慮（詳見表 1）。

將所有 ETF 都檢視過後會發現，我們只需要考慮國內成分證券 ETF 即可。截至 2019 年 10 月 25 日，台灣掛牌的國內成分證券 ETF 共有 23 檔。有沒有瞬間覺得範圍縮小很多了呢？

挑選標的時留意指數追蹤方式、成交量大小等

在這 23 檔 ETF 中，我們該如何挑選適合自己的零股標的呢？很簡單，我們可以從該檔 ETF 的指數追蹤方式、管理費、保管費以及是否有配息來判斷，從中選出績優標的。分別介紹如下：

指數追蹤方式可挑「全面複製法」

ETF 的指數追蹤方式可分為 3 種，分別是全面複製法、最佳化複

表2 ETF的證券交易稅僅為股票的1/3
——ETF vs.股票交易規則

	ETF	股票
交易市場	集中市場／指定的金融銷售機構	店頭市場／集中市場
交易時間	**整張：**9：00～13：30 **零股：**13：40～14：30，並在14：30進行撮合成交	**整張：**9：00～13：30 **零股：**13：40～14：30，並在14：30進行撮合成交
資金準備	交易成功後，T＋2日內將資金存入交割戶即可	交易成功後，T＋2日內將資金存入交割戶即可
融資／融券	可	部分個股
股利／配息	部分ETF會發放	多數個股會發放
漲跌幅限制	10%，但含海外股票的ETF價格無漲跌幅限制	10%
手續費	0.1425%	0.1425%
證券交易稅	0.1%（債券ETF免徵證交稅10年至2026年）	0.3%
管理費	有	無
保管費	有	無

註：成功交易的當天稱為「T日」　資料來源：台灣證券交易所

製法（又稱代表性抽樣複製法、最佳化法、最適化法），以及合成複製法。其中合成複製法是透過投資衍生性金融商品來達到追蹤指數的效果，風險較大，只適合短期操作，故而可以不用考慮（詳見表3）。

全面複製法和最佳化複製法聽起來很深奧，但舉個例子你就能輕易明白兩者之間的差異。全面複製法就如同完全照著食譜烹飪食物，無論是食材的種類、烹調順序、分量等全都相同，最終煮出來的成品雖然比不上食譜的味道，但口味也有7、8分相似，品質較穩定。

而最佳化複製法則好像你把食譜拿來參考，並添加自己的創意在裡面。最終煮出來的成品有可能味道超越食譜，也有可能比食譜難吃得多，品質很不穩定。由於我們希望能有長期穩健的報酬，因此，我們可以把目標鎖定在使用「全面複製法」的ETF上（欲查詢ETF指數追蹤方式詳見圖解教學❶）。

管理費、保管費愈低愈好

由於ETF具有基金的屬性，因此投資人需要負擔管理費和保管費，這兩種費用都屬於ETF的內扣成本，會從ETF的淨值（每單位淨資產價格）中扣除。就目前台灣掛牌的23檔國內成分證券ETF來看，管理費多介於0.15%～0.45%之間，保管費則多為0.035%，只有元大電子（0053）的保管費要0.04%（詳見表4）。

由於管理費和保管費屬於成本的一種，所以只要這兩項費用愈低，投資人的報酬就愈高。因此，投資人在挑選ETF時，可以選擇管理費和保管費較低的標的。

0050的指數追蹤方式是採用全面複製法

——3種ETF指數追蹤方式

指數追蹤方式	定義	ETF
全面複製法	目標指數有哪些成分股，該ETF就直接以買賣現貨的方式，按同樣比例投資該目標指數的成分股	元大台灣50（0050）、元大高股息（0056）
最佳化複製法	又稱代表性抽樣複製法、最佳化法、最適化法，是從ETF所追蹤的目標指數裡面，挑出最具代表性的數檔股票，用買賣現貨的方式投資	元大電子（0053）、富邦金融（0059）
合成複製法	透過投資衍生性金融商品來達到追蹤指數的效果	元大台灣50正2（00631L）、元大台灣50反1（00632R）

年年配息者較佳

由於長期投資看重的是投資工具是否能帶來固定的收益，因此，我們在挑選ETF時，也要注意該檔ETF是否有配發利息。就目前台灣掛牌的23檔國內成分證券ETF來看，多數每年都有配息1～2次，皆符合標準（欲查詢ETF股利資訊詳見圖解教學❷）。

除了觀察指數追蹤方式、管理費和保管費多寡，以及是否有配息之外，想買進ETF零股尚須關注其成交量及折溢價，分別說明如下：

表4 台灣國內成分證券ETF保管費多為0.035%

證券代號	ETF 簡稱	追蹤指數	
0050	元大台灣 50	臺灣 50 指數	
0051	元大中型 100	臺灣中型 100 指數	
0052	富邦科技	臺灣資訊科技指數	
0053	元大電子	電子類加權股價指數	
0054	元大台商 50	S&P 台商收成指數	
0055	元大 MSCI 金融	MSCI 台灣金融指數	
0056	元大高股息	臺灣高股息指數	
0057	富邦摩台	MSCI® 臺灣指數	
0058	富邦發達	臺灣發達指數	
0059	富邦金融	金融保險類股指數	
006203	元大 MSCI 台灣	MSCI® 臺灣指數	
006204	永豐臺灣加權	臺灣證券交易所發行量加權股價指數	
006208	富邦台 50	臺灣 50 指數	
00690	兆豐藍籌 30	藍籌 30 指數	
00692	富邦公司治理	臺灣證券交易所公司治理 100 指數	
00701	國泰股利精選 30	臺灣指數公司低波動股利精選 30 指數	
00713	元大台灣高息低波	臺灣指數公司特選高股息低波動指數	
00728	第一金工業 30	臺灣工業菁英 30 指數	
00730	富邦臺灣優質高息	道瓊斯台灣優質高股息 30 指數	
00731	FH 富時高息低波	富時台灣高股息低波動指數	
00733	富邦臺灣中小	臺灣指數公司中小型 A 級動能 50 指數	
00742	新光內需收益	臺灣指數公司特選內需高收益指數	
00850	元大臺灣 ESG 永續	臺灣永續指數	

註：1. 資料日期至 2019.10.25；2.* 管理費會隨著 ETF 規模進行調整，詳細數據可上台灣證券交易所網站查詢

——台灣掛牌的23檔國內成分證券ETF基本資訊

指數追蹤方式	管理費（%）	保管費（%）
完全複製法	0.32	0.035
完全複製法	0.40	0.035
完全複製法	0.15	0.035
最佳化複製法	0.40	0.040
完全複製法	0.40	0.035
完全複製法	0.40	0.035
完全複製法	0.40	0.035
完全複製法	0.15	0.035
完全複製法	0.15	0.035
最佳化複製法	0.15	0.035
完全複製法	0.30	0.035
最佳化複製法	0.32	0.035
完全複製法	0.15	0.035
完全複製法	0.32	0.035
完全複製法	0.15	0.035
完全複製法	0.30	0.035
最佳化複製法	0.35*	0.035
完全複製法	0.40	0.035
完全複製法	0.35*	0.035
最佳化複製法	0.35*	0.035
最佳化複製法	0.30	0.035
最佳化複製法、完全複製法	0.43*	0.035
完全複製法	0.35*	0.035

資料來源：台灣證券交易所

用「最佳5檔」觀察股票流通性
——個股流通性比較

◎流通性較佳的股票

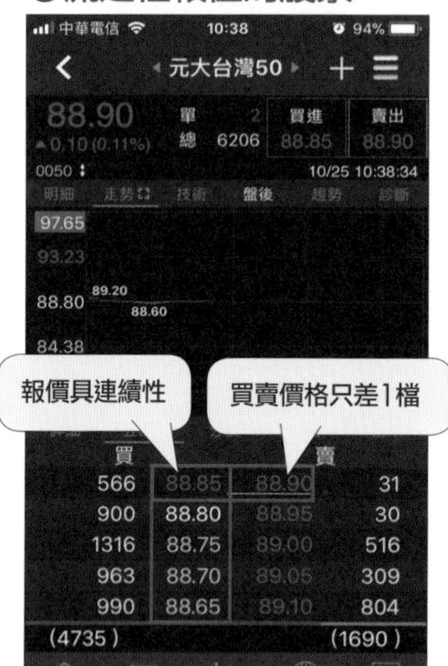

◎流通性較差的個股

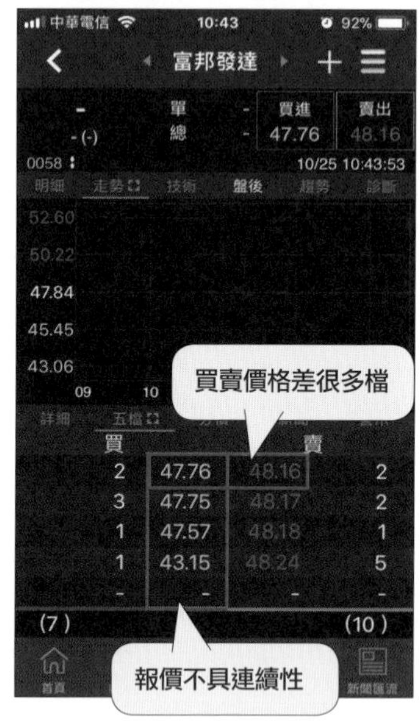

註：資料日期為2019.10.25　　資料來源：山竹股市

成交量足夠，才不會無法買賣標的

與買進個股一樣，選擇 ETF 時，最好挑選成交量大、流通性高的標的，以免出現買不到或是賣不掉的窘境。至於如何觀察 ETF 零股的成交量？除了可以利用 3-1 圖解教學❶、❷查詢上市櫃零股成交

ETF股價50元以下，漲跌最小單位為0.01元
——ETF每股漲跌最小單位

ETF 每股市價（元）	股價漲跌最小單位（元）
0.01 ～ 50	0.01
> 50	0.05

資料來源：台灣證券交易所

量以外，還可以觀察該檔 ETF 在盤中「最佳 5 檔」的價量變化（詳見圖 2）。

一般來說，成交量大的 ETF，其最佳 5 檔的報價通常具有連續性，且買進與賣出價格的報價僅會相差 1 檔。

以元大台灣 50 為例， 2019 年 10 月 25 日的買進報價分別為 88.65 元、88.70 元、88.75 元、88.80 元和 88.85 元，具有連續性。而且，買進價格 88.85 元，和賣出價格 88.90 元只相差 1 檔（0.05 元，詳見表 5）。

而以 2019 年 10 月 24 日的零股成交量來看，0050 的零股成交股數為 2 萬 2,559 股，僅次於元大高股息（0056）的 2 萬 4,344

股，可見其流通性良好，掛單買賣的成交機率較高。

反之，成交量小的 ETF，其最佳 5 檔的報價通常不具有連續性，且買進與賣出價格的報價會相差很多檔。

以富邦發達（0058）為例，2019 年 10 月 25 日僅有 4 檔買進報價，分別為 43.15 元、47.57 元、47.75 元和 47.76 元，不具連續性。而且買進價格 47.76 元，和賣出價格 48.16 元相差了 4 檔（0.04 元）。而以 2019 年 10 月 24 日的零股成交量來看，0058 的零股成交股數為 0 股，可見其流通性較差，常會出現買不到或賣不掉的情況。

折溢價率應在 ±1% 以內

由於 ETF 具有基金的性質，所以它也有「淨值」和「市價」兩種價格。其中淨值是指每單位的淨資產價格，也就是 ETF 每一股的真實價值，而市價則是 ETF 在市場上的買賣價格。一般情況下，ETF 的淨值與市價會很接近，但仍會有些許差異，兩者之間的落差就是所謂的「折溢價」。

當淨值大於市價時，稱為「折價」（詳見圖 3），也就是打折的意思，例如某檔 ETF 的淨值為 100 元，但市價只有 98 元。當淨值

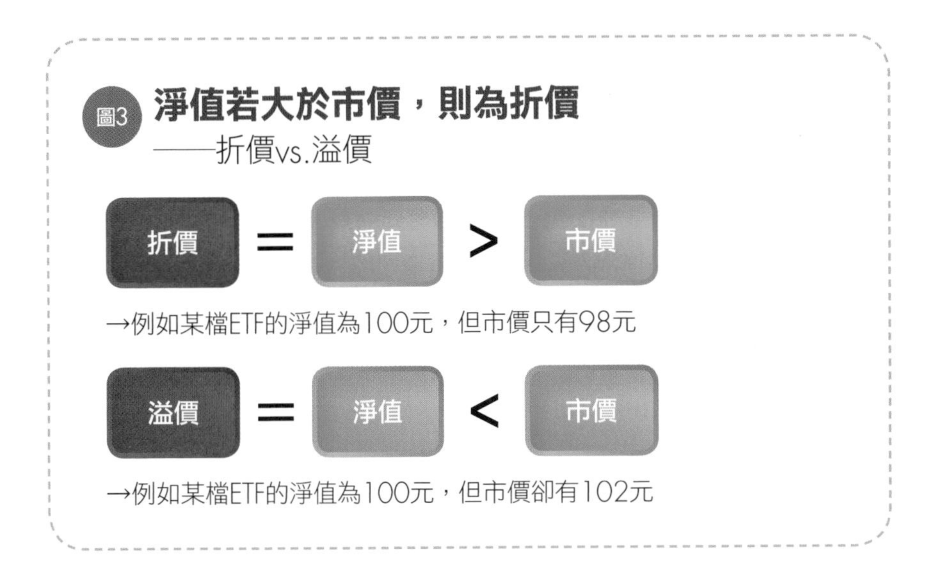

小於市價時，稱為「溢價」，可以想成便宜的東西被賣出高價，例如某檔 ETF 的淨值為 100 元，但市價卻有 102 元。

然而當我們在比較兩檔以上的 ETF 時，要看的不是折溢價的絕對數值，而是它的幅度，也就是折價率和溢價率。公式如下：

折溢價率＝（市價－淨值）÷ 淨值 ×100%

假設某檔 ETF 淨值為 100 元，市價為 98 元，則它的折價率就是 -2%（（98 元－ 100 元）÷100 元 ×100%）。

一般而言，我們在挑選標的時，最好是挑選折溢價率在正負 1% 以內的 ETF，盡量避開折溢價率過高的 ETF。因為凡事過猶不及，折溢價率過高除了表示價格波動較劇烈以外，也暗示該檔 ETF 的成交量有可能過低，才會出現這種不合理的價格。由於存零股是為了長期穩健的報酬，因此，投資人最好挑選折溢價率低，也就是貼近指數表現的 ETF，如此一來，才能安心長抱（欲查詢 ETF 折溢價率可詳見圖解教學❸）。

圖解教學❶ 查詢ETF基本資訊

登入台灣證券交易所網站首頁（www.twse.com.tw/zh）後，點選❶「產品與服務」後會出現下拉選單，再點選❷「上市證券種類」，選擇❸「ETF」。

STEP 2

依序點選左欄❶「ETF商品資訊」、❷「國內成分證券ETF」。接著，選擇想要查詢的ETF，此處以❸元大台灣50（0050）為例。

接續下頁

頁面跳轉以後，即可看到該檔ETF的❶「商品規格、交易資訊、申購買回清單PCF、ETF重大訊息、ETF基金資訊、標的指數資訊」。

商品規格	
名稱	元大台灣卓越50證券投資信託基金
ETF簡稱	元大台灣50
證券代號	0050
ETF類別	國內成分證券ETF
上市日期	2003年6月30日
基金經理公司	元大證券投資信託股份有限公司
標的指數	臺灣50指數
追蹤方式	完全複製法
交易單位	1,000受益權單位
交易價格	每受益權單位為準
升降單位	每受益權單位市價未滿50元者為1分；50元以上為5分
升降幅度	同一般股票(10%)
交易時間	同一般股票(上午9時至下午1時30分)
信用交易	上市當日即適用，且融券賣出無平盤以下不得放空限制

資料來源：台灣證券交易所

圖解教學❷ 查詢ETF股利資訊

登入Goodinfo!台灣股市資訊網（https:// goodinfo.tw/StockInfo/index.asp）首頁，在❶「股票代號／名稱」輸入欲查詢的ETF，此處以「元大台灣50（0050）」為例，輸入完畢按❷「股票查詢」。

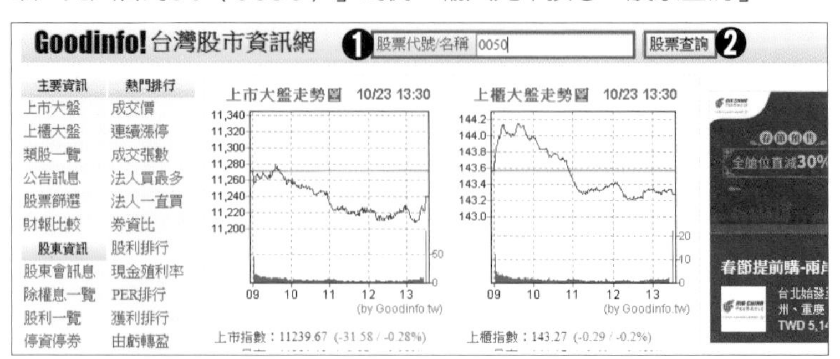

點選左欄❶「股東權益」下方的❷「股利政策」。

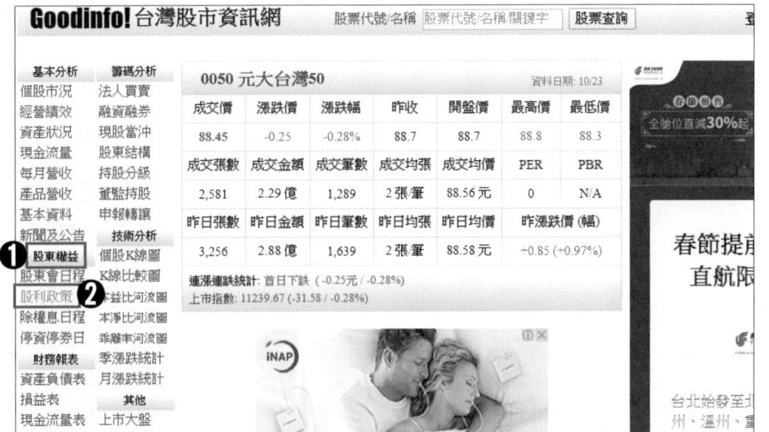

STEP 3

待頁面跳轉後將頁面往下拉，即可看到該檔ETF歷年的❶「現金股利」、❷「股票股利」發放紀錄，以及❸「年均殖利率（%）」。

* 連續15年配發股利, 合計 31.4元　匯出XLS　匯出HTML

股利發放年度	股利政策 股東股利(元) ❶現金股利 盈餘	公積	合計	❷股票股利 盈餘	公積	合計	股利合計	股利總計 現金(億)	股票(千張)	董監酬勞 合計(百萬)	佔淨利(%)	員工紅利 現金(億)	股票(千張)
2019	3	0	3	0	0	0	3	-	-	-	-	-	-
2018	2.9	0	2.9	0	0	0	2.9	-	-	-	-	-	-
2017	2.4	0	2.4	0	0	0	2.4	-	-	-	-	-	-
2016	0.85	0	0.85	0	0	0	0.85	-	-	-	-	-	-
2015	2	0	2	0	0	0	2	-	-	-	-	-	-
2014	1.55	0	1.55	0	0	0	1.55	-	-	-	-	-	-
2013	1.35	0	1.35	0	0	0	1.35	-	-	-	-	-	-
2012	1.85	0	1.85	0	0	0	1.85	-	-	-	-	-	-
2011	1.95	0	1.95	0	0	0	1.95	-	-	-	-	-	-
2010	2.2	0	2.2	0	0	0	2.2	-	-	-	-	-	-
2009	1	0	1	0	0	0	1	-	-	-	-	-	-
2008	2	0	2	0	0	0	2	-	-	-	-	-	-
2007	2.5	0	2.5	0	0	0	2.5	-	-	-	-	-	-
2006	4	0	4	0	0	0	4	-	-	-	-	-	-
2005	1.85	0	1.85	0	0	0	1.85	-	-	-	-	-	-
2004	-	-	-	-	-	-	-	-	-	-	-	-	-
2003	-	-	-	-	-	-	-	-	-	-	-	-	-

股價年度	殖利率統計 股價統計(元) 最高	最低	年均	❸年均殖利率(%) 現金	股票	合計	盈餘分配率統計 股利所屬期間	EPS(元)	盈餘分配率(%) 配息	配股	合計
2019	88.8	72	80.3	3.73	0	3.73	-	-	-	-	-
2018	88.4	73.3	81.8	3.55	0	3.55	-	-	-	-	-
2017	85.6	71.35	78.8	3.05	0	3.05	-	-	-	-	-
2016	73.55	55.6	66.3	1.28	0	1.28	-	-	-	-	-
2015	73.3	55.4	66.3	3.01	0	3.01	-	-	-	-	-
2014	69.95	55.6	63.7	2.43	0	2.43	-	-	-	-	-
2013	59.15	52.95	56.2	2.4	0	2.4	-	-	-	-	-
2012	56.2	47.45	52.3	3.54	0	3.54	-	-	-	-	-
2011	63.2	46.61	56.6	3.45	0	3.45	-	-	-	-	-
2010	61.4	47.95	54.7	4.02	0	4.02	-	-	-	-	-
2009	56.45	30.01	45.3	2.21	0	2.21	-	-	-	-	-
2008	65.85	28.53	51.3	3.9	0	3.9	-	-	-	-	-
2007	72.3	53.05	62	4.03	0	4.03	-	-	-	-	-
2006	59.3	49.3	53.9	7.43	0	7.43	-	-	-	-	-
2005	51.6	43.9	47.3	3.91	0	3.91	-	-	-	-	-
2004	53.7	40.9	46.4	-	-	-	-	-	-	-	-
2003	49	36.92	44.5	-	-	-	-	-	-	-	-

資料來源：Goodinfo! 台灣股市資訊網

接續下頁

圖解教學❸ 查詢ETF即時折溢價率

登入台灣證券交易所網站首頁（www.twse.com.tw/zh）後，點選右上方的❶「基本市況報導」。

STEP 2

進入基本市況報導網站以後，依序點選❶「各項專區」、❷「ETF行情」和❸「集中市場ETF單位變動及淨值揭露」。

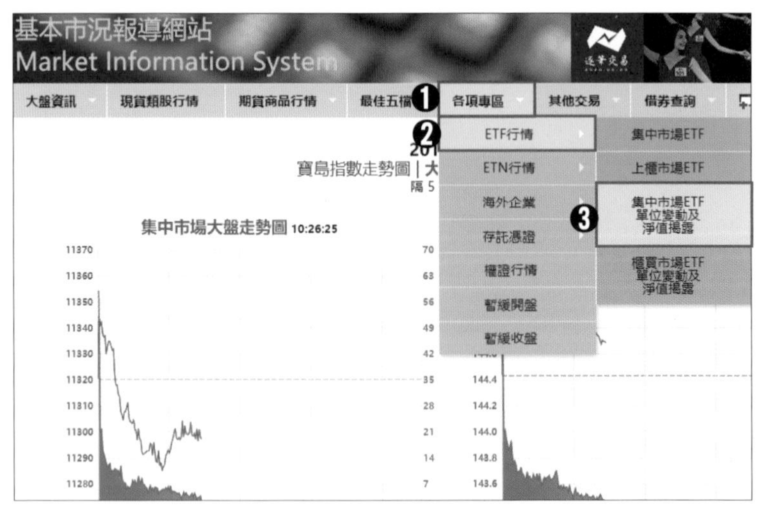

頁面跳轉後就能看到即時的❶「預估折溢價幅度（即折溢價率）」。以圖中的元大台灣50（0050）為例，2019年10月25日即時的預估折價率為-0.28%。

基本市況報導網站
Market Information System

大盤資訊 現貨類股行情 期貨商品行情 最佳五檔 各項專區 其他交易 借券查詢

ETF發行單位變動及淨值揭露專區
集中市場 | 櫃買市場

【國內成分證券ETF】 隔 15 秒

ETF代號/名稱	已發行受益權單位數	與前日已發行受益單位差異數	成交價	投信或總代理人預估淨值	❶ 預估折溢價幅度	前一營業日淨值	投信公司網頁連結
0050 / 元大台灣50	703,000,000	0	88.85	89.10	-0.28%	89.22	投信網頁
0051 / 元大中型100	9,000,000	0	35.42	35.54	-0.34%	35.62	投信網頁
0052 / 富邦科技	8,500,000	0	64.30	63.80	0.78%	63.86	投信網頁
0053 / 元大電子	5,988,000	0	39.46	40.28	-2.04%	40.31	投信網頁
0054 / 元大台商50	10,624,000	0	24.23	24.37	-0.57%	24.44	投信網頁
0055 / 元大MSCI金融	37,154,000	0	19.00	19.00	0.00%	19.06	投信網頁
0056 / 元大高股息	956,034,000	20,000,000	27.63	27.56	0.25%	27.65	投信網頁
0057 / 富邦摩台	5,027,000	0	56.50	57.00	-0.88%	57.13	投信網頁
0058 / 富邦發達	696,000	0	47.84	48.22	-0.79%	48.38	投信網頁
0059 / 富邦金融	973,000	0	47.82	48.15	-0.69%	48.23	投信網頁
006203 / 元大MSCI台灣	10,718,000	0	41.66	41.67	-0.02%	41.73	投信網頁

資料來源：台灣證券交易所、基本市況報導網站

運用操作策略
提升報酬

新手用定期定額法 愈早存股複利效果愈大

股票投資人人都想買低賣高，報酬率能夠愈高當然愈好。然而，要精準抓住高低點談何容易，連股市高手都不見得有把握了，更何況是新手呢？

與其因為擔心買貴而遲遲無法進場，倒不如利用最適合投資新手的「定期定額法」，盡早開始存零股大計，讓存股的複利效果提早發威！

不需挑買點，有效克服進場障礙

定期定額投資法最大的特色，就是設定好投資金額後，不挑買點、機械式地在固定時間持續買進。對於許多不知道如何找買點，也無法花太多時間盯盤的新手投資人來說，是相當理想的存股策略。事實上，許多資產千萬元的存股達人，也都是這樣踏出第 1 步。

這種存股策略看來毫無技術可言，呆板又無聊。但是，其實這種存股策略對於新手來說，好處多多。不僅能夠克服進場障礙，還能降低投資風險，更能發揮聚沙成塔的效果，讓你的股利收穫一年比一年更有感！

更重要的是，利用定期定額的方式來存優質股票，長期下來的投資效果還相當不錯，投資報酬率更是遠勝將錢傻傻地存在銀行。

以華南金（2880）、統一（1216）、好樂迪（9943，詳見圖1）這些常見的優質存股為例，若從2012年1月第1個交易日起，每月定期定額1萬元買進，並且將獲得的股利再投資，則至2019年10月底為止，年化報酬率分別為12.24%、10.92%、13.92%，都在雙位數之上，比起定存不到1.5%的利率高出近10倍。

以下將更具體的介紹新手利用定期定額策略來存零股的好處（詳見圖2）：

機械式買進，有助訓練投資紀律

1. 平均成本、降低風險

投資最怕就是單筆投資買在高點，慘被套牢。但是，定期定額投

資法最大的好處，就是不看買點的定期買進。將投資期間拉長來看，一定會有買在高點的時候，但也會有買在低點的時候，並且能夠做到「高價減碼、低價加碼」的效果。長期執行下來，就能平均每股

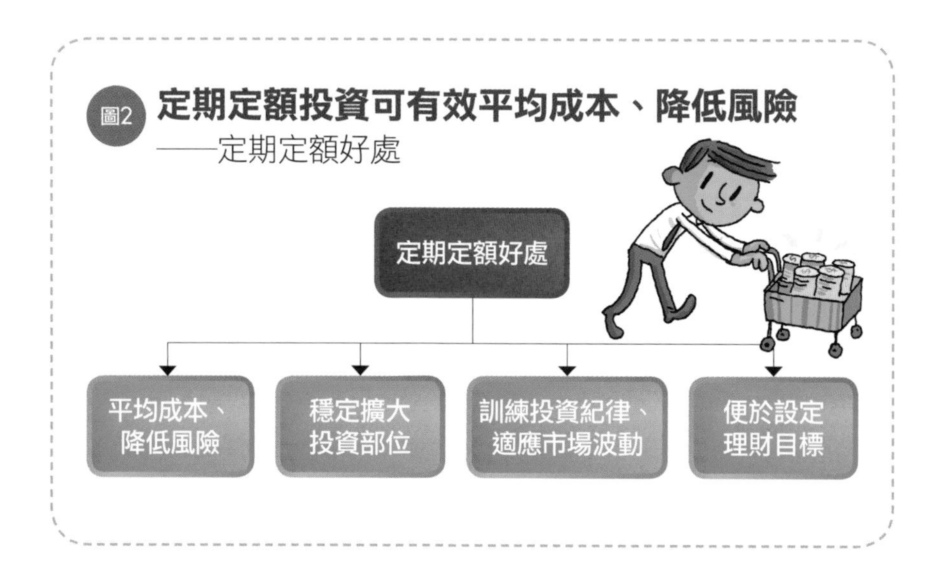

的買進成本、降低投資風險，不怕被套牢在最高點，提高投資勝率。

2. 穩定擴大投資部位

要讓零股投資更有感，就是要將股利持續滾入再投資，複利效果才會明顯。而要讓股利愈領愈多的不二法門，就是要持續擴大投資部位。

定期定額的投資方式因為是機械式買進，不論股價高低都買。因此，投資部位必能持續穩定地累積，進而帶動股利增加，讓複利效果加倍。

3. 訓練投資紀律、適應市場波動

股票投資是波動相對大的投資方式，而且，近年來市場波動有愈來愈大的趨勢。投資新手初入市場，若是遇上市場大幅修正或是強勢上漲，就容易受到市場情緒左右而追高殺低，甚至在低點時反而不敢進場，存不了股票。

但是，採用定期定額投資法，就是將資金分批進場，讓投資人可以慢慢適應市場波動，不易因驚慌而逃出市場。持續堅持扣款，就能訓練長期投資的紀律。

4. 便於設定理財目標

投資是為了累積財富，也是為了達到自己的夢想。有的人投資可能是為了存出國旅遊的基金；有的人可能是為了攢買房、買車的頭期款；有人甚至是為了退休。利用定期定額投資的方式，可以讓你更明確知道要如何達到理財目標。因為定期定額投資方式每期投入的資金是固定的，只要能夠確定你最終的理財目標、預計花費的投資期間，以及投資標的長期年化報酬率水準，就能推算每期投入多少資金就可以達成你的夢想（詳見圖 3、圖解教學❶）。

舉例而言，你預計在 3 年後要去歐洲旅遊一趟，預計花費是 20 萬元，現在想要投資 3 檔長期平均年化報酬率為 5% 的股票，則可

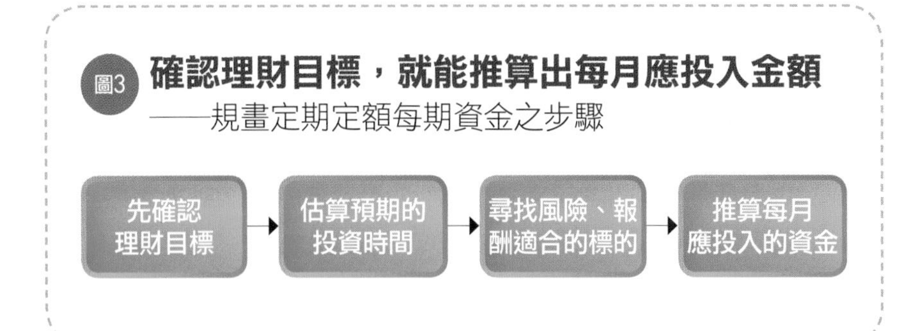

以推算出你每個月共須存下 5,136 元來投資。只要按照計畫紀律執行，你就有很高的機率可以在 3 年後去歐洲逍遙。

又或者，你是為了更長遠的目標而存股，例如累積到 1,000 萬元後就要樂活退休，那麼每個月又該投資多少錢呢？

假設你投資的標的是元大台灣 50（0050），其長期平均年化報酬率是 8.4%。那麼，若你想在 20 年內達成退休目標，每月就需要投資 1 萬 6,038 元。如果覺得這個投資金額太高了，那就需要將投資時間延長。例如，投資時間拉長到 30 年，則你每月所需投資的金額就可以降至 6,141 元。

要提醒的是，投資時間愈長，存股計畫的達成率愈高；投資時間愈短，因市場短期波動難以預測，存股計畫的變數就愈大。而當投資目標不變，若想要減少每期投入的資金，則投資時間就要拉長，或是選擇更高報酬的標的；反之，若想要縮短投資時間，則每期投入的資金或是選擇標的的報酬率就要增加。不過，一旦選擇高報酬率的標的，相應而生的就是更大的波動風險，這點一定要記得。

部分薪水轉入交割帳戶，確保不動用投資資金

制定好計畫後，定期定額投資法在實際執行時，最怕的就是中斷投資，因為這就失去定期定額投資的原意，也無法發揮這個策略的投資優勢。而中斷投資最常出現的原因就是資金斷炊，將本來該用在投資的錢轉為他用，例如購物、娛樂等用途，投資變成三天打魚、兩天曬網，存股計畫就失去意義了。

為了避免這樣的狀況發生，建議存股新手要將定期定額的操作時間定在每月薪資入帳之後。如果公司發薪是在每月月初，就設定在發薪日後約定轉帳，將原本計畫要用來投資的金額轉進交割帳戶中，確保投資資金不會被挪用。也就是理財專家常強調的，「收入－儲蓄／投資＝支出」（詳見圖 4）。

除此之外，若有其他的財源收入，例如年終獎金、業績獎金、中

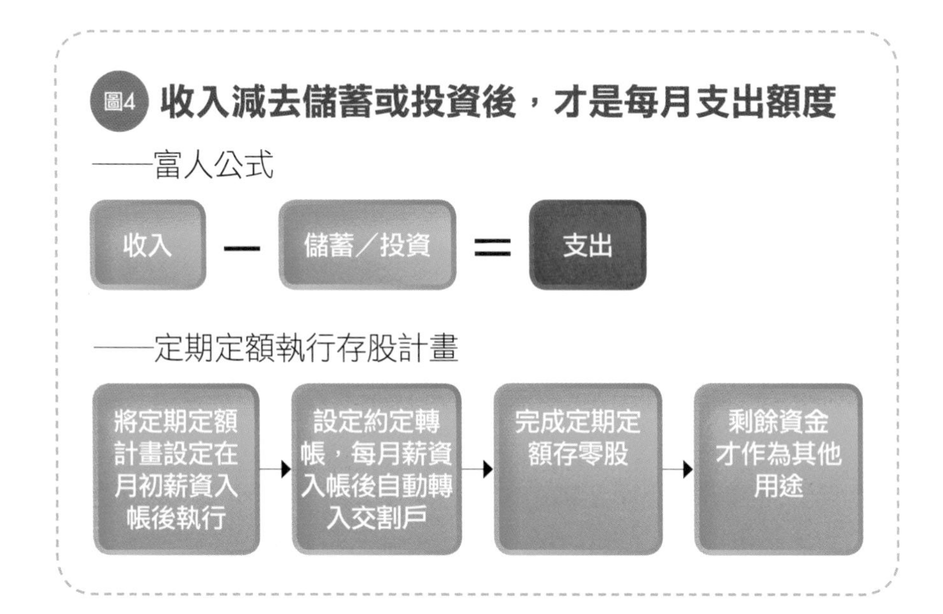

獎彩金等，也建議要依這樣的原則處理。就算想要犒賞自己，也應先挪出一部分的資金，作為自己存零股計畫的基金。這些獎金基本上可以分為 2 種運用方式：

1. 將獎金平均分配在每期的存股計畫中，增加存股扣款的金額。

2. 將獎金先存進交割戶頭中，等待有好的加碼機會出現時，再運用此資金進場。

當然，你也可以綜合運用以上兩種方式。

善用券商自動下單功能，再忙也不忘投資

要執行定期定額存零股計畫，還需要自己每月記得時間去下單嗎？不用！在政府的鼓勵之下，為了吸引更多小資族投入股市投資，現在已有多家券商開設了定期定額存零股的業務。投資人只要設定好交易條件，券商系統每個月就會幫你下單買零股，再忙也不忘記投資。

目前券商推出的定期定額存零股功能，分為 2 種模式，在交易方式上有所差異，投資人可以依照自己的需求選擇（詳見表 1）：

第 1 種是最為傳統的盤後下單方式，在這種模式之下，當投資人設定好投資個股、每月交易日期、金額和出價條件後，系統就會在每月的固定日期替投資人在盤後零股交易時間掛單。若是當日價格無法成交或成交金額未達上限，系統隔日也會連續掛單來達成設定條件，最多會連續掛單 4 日。

這種模式最大的優勢就是，所有台股中有交易的個股和 ETF 都可以設定下單，款項則是在成交之後的第 2 個交易日才需扣款。但若是選擇扣款的個股零股交易比較不熱絡，或是出價條件設得比較保守，則成交機率就會降低，或是只成交部分股數。

盤中定期定額成交機率高
——盤後vs.盤中定期定額交易規則

	盤後定期定額	盤中定期定額
交易時間	13：40～14：30	09：00～13：30
標的數量	所有上市股票、ETF 皆可設定，數量最多	以 ETF 及大型權值股為主，可選擇標的數量少
價格設定	可自行設定為收盤價，或是收盤價向上加 5 檔，最高至當日的漲停價	不可自行設定
扣款時間	成交後的第 2 個交易日	於委託日的前一營業日之前就需圈存足夠款項
交易方式	券商依據個別委託單，於盤後零股交易時間個別出價	券商集合單一個股的所有委託資金，於盤中交易時間由券商出價買進
成交價格	投資人設定的委託價	按照券商買進標的全部成交股數與成交金額的加權平均計算
成交機率	較低。依據個股零股交易數量以及出價價格決定。若零股交易數量偏低、出價價格不夠積極，則未成交機率就會增加	高。盤中的交易量大，成交機率高，除非個股漲停鎖死，才會使得交易股數不足

資料來源：各券商

但自從金管會允許後，從 2017 年 1 月起，定期定額存零股出現了另一種於盤中買進的模式。有別於傳統盤後下單模式是以個人委託單條件下單，這種盤中下單模式，就像是「團購」概念。當投資人設定好投資個股、每月交易日期與交易金額後，券商會於每月的

表2 券商定期定額交易手續費優惠最低1元

項目	元富證券		富邦證券	凱基證券
	小資零股理財平台	ETF 存股平台		
交易標的數量	所有上市個股、ETF	12 檔 ETF	5 種 ETF 組合、27 檔 ETF	229 檔個股、62 檔 ETF
交易時間	盤後交易	盤中交易	盤中交易	盤中交易
單筆最低手續費（元）	1	20	1	20
最低金額（元）	1,000	3,000	1,000	3,000

註：此資料統計時間截至 2019.11.01，各券商提供優惠、方案隨時可能調整，請依各券商公告為準
資料來源：各券商

下單日彙整該檔個股的所有委託金額，一起於盤中下單買進。交易完成之後，再依設定扣款金額比率分配股數給定期定額投資人。

此模式的最大優勢就是成交機率極高，不會有買不到的狀況。畢竟盤中交易量比盤後交易量要大，除非個股漲停鎖住，否則券商只要依據現價出價都能買到股票，更能保證定期定額投資計畫的持續執行。

不過，這種模式之下，可以交易的標的數量有限，並非所有個股

——台股現有零股定期定額方案比較

	國泰證券	元大證券	華南永昌證券	永豐金證券	兆豐證券
	37 檔個股、5 檔 ETF	15 檔個股、5 檔 ETF	35 檔 ETF	5 檔個股、5 檔 ETF	11 檔個股、30 檔 ETF
	盤中交易	盤中交易	盤中交易	盤中交易	盤中交易
	1	20	5	20	20
	1,000	1,000	500	1,000	1,000

都可以設定。目前券商設定的標的以 ETF 和大型權值股為主。而且，在交易日前一天就會先被圈存扣款金額，所以資金要提早準備。

目前國內共有 8 家券商開辦定期定額存零股業務，提供的標的優惠、手續費規定各有不同。《Smart 智富》真・投資研究室團隊整理了 8 家券商的零股定期定額方案比較表，提供投資人比較，挑選最適合自己使用的零股定期定額方案（詳見表 2，至於設定每月盤中／盤後零股定期定額操作步驟，詳見圖解教學❷、❸）。

圖解教學❶ 推算每月定期定額金額

當你設定好投資最終目標金額，以及預計投資的期間後，如果想要知道你每月該定期定額投入多少錢，此時就可以利用鉅亨網的理財試算工具來計算。首先，進入鉅亨網首頁（www.cnyes.com），接著，點選上方欄目的❶「理財」，並且在下拉選單中選擇❷「試算工具」。

進入下頁後，在左方欄位中，選擇「投資試算」下的❶「基金試算」。接著，在右方就會出現基金試算工具，選擇❷「每月定期定額」，並且點選❸「計算每月投資金額」。

接著在下方欄位中，依據輸入預計的❹投資期間（年）、年報酬率（%）以及期末金額（元），也就是你計畫達成的投資累積金額。皆輸入完成之後，再按下❺「試算」，網頁就會自動算出每月應投資的金額。此處以投資期間30年、年報酬率6%，期末金額1,000萬元試算，得出結果為每月應投資9,906元。

同理，若你能確定的為每月投資金額、投資期間，以及預估年報酬率，則你可以利用❻「計算期末金額」的功能來推算最終可能的期末金額。或是選擇❼「計算投資期間」，輸入每月投資金額、預估年報酬率、期末金額，來計算需要投資多久期間。

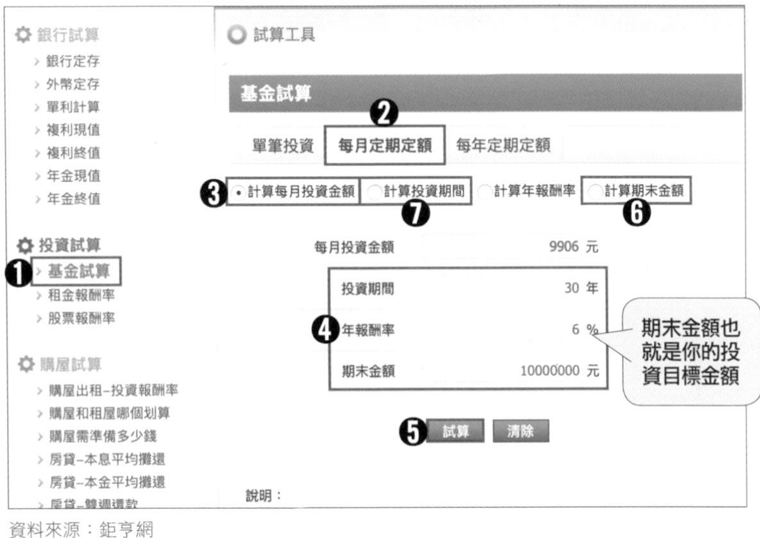

資料來源：鉅亨網

圖解教學❷ 設定每月盤中零股定期定額

若要設定每月盤中定期定額買進零股，可善用券商的零股定期定額方案，此處以「國泰證券e櫃台App」為例。登入App之後，選擇台股❶「定期定額」。接著在下一頁面選擇❷「我要申購」。

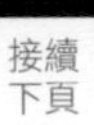
接續下頁

STEP 2

進入下一頁面後看到可選擇扣款標的，選擇好標的後按下❶「申購」。

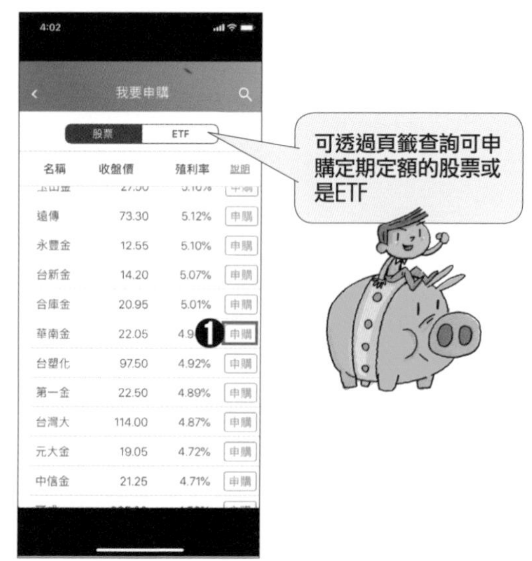

STEP 3

接著填寫計畫的❶「申購金額」和選擇❷「交易日」。完成後按下❸「我要申購」即完成委託，申請將在下一個營業日開始生效。

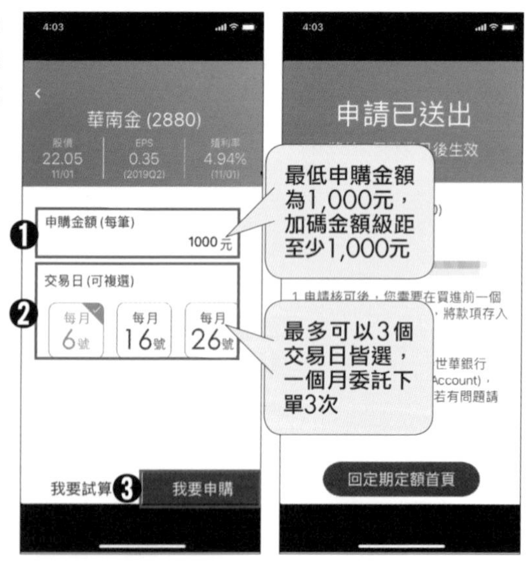

資料來源：國泰證券

圖解教學❸ 設定每月盤後零股定期定額

若要設定每月盤後定期定額買進零股，可善用券商的零股定期定額方案，此處以「元富小資零股理財平台」為例。首先，登入元富i理財App後，點選❶「小資零股」。進入下頁之後，再點選❷「申請專案」。

❶點選確認要交易的帳號後，按❷「下一步」。

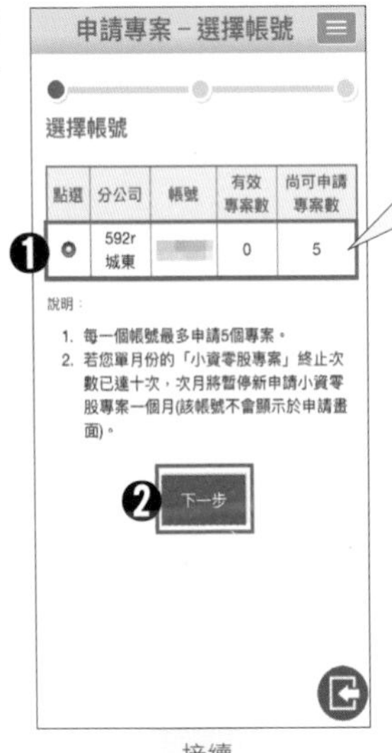

每個帳號最多可以申請5個定期定額零股專案

接續下頁

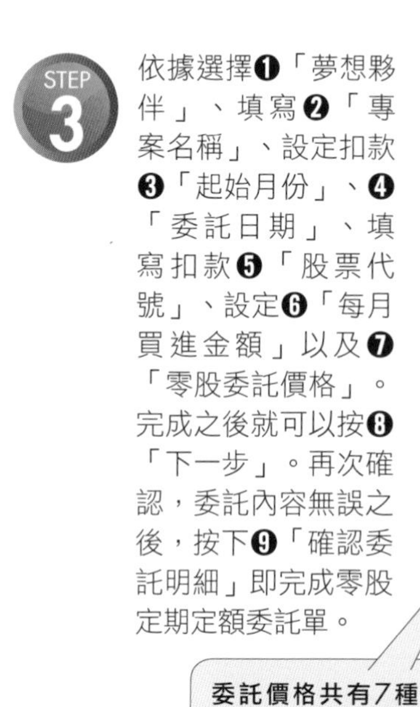

STEP 3

依據選擇❶「夢想夥伴」、填寫❷「專案名稱」、設定扣款❸「起始月份」、❹「委託日期」、填寫扣款❺「股票代號」、設定❻「每月買進金額」以及❼「零股委託價格」。完成之後就可以按❽「下一步」。再次確認，委託內容無誤之後，按下❾「確認委託明細」即完成零股定期定額委託單。

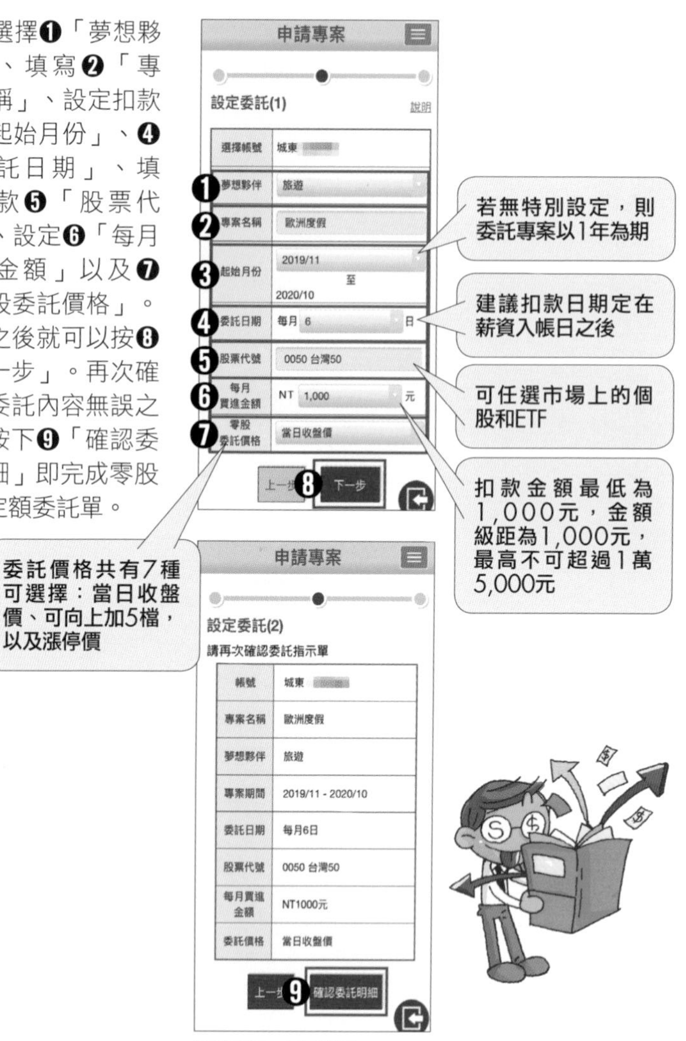

資料來源：元富證券

2種低檔加碼方式 降低成本放大獲利

每到百貨公司週年慶大打折扣時，總是可以看到大批人潮搶購，趁著低價把握時機囤貨，因為同樣的東西在這個時候卻有促銷價，當然此時買進最超值。

投資股票也是同樣的道理。若是優質股票體質沒變，股價卻忽然大降，就是存股族進場加碼、撿便宜的好時機。這樣不僅可以降低平均持有成本，還能擴大股數有利賺股利，利用複利效果就能讓資產成長更有感！

因此除了平時定期定額紀律買進之外，也千萬別錯過在低價時的加碼機會。但是股價下跌多少才算便宜？如何判斷何時才是進場的好時機呢？針對個股和 ETF，可以分別運用「現金殖利率」和「樂活五線譜」來找出划算的進場價格。只要運用得宜，就能在存股路上撿便宜，比別人多賺！

個股》5年平均現金殖利率>6.25%可進場

首先，要認識的就是「現金殖利率」。這是一個存股族絕對要認識的重要觀察指標，許多投資達人就是利用這個指標作為進場的判斷依據。

現金殖利率是以現金股利除以公司股價換算為百分比（詳見圖1），指的是用來衡量企業所發放的現金股利，能夠帶給投資人的報酬率。若是一家公司體質良好，則這個數值愈高，代表買進這家公司股票就愈划算。一般來說，存股族挑股票時，現金殖利率應該至少要能夠高於「定存利率＋通膨利率」，才具有存股的價值。

假設，星星公司每年都可以穩定發放5元的現金股利。若你以100元價位買進，假設股價都無漲跌，則你存股每年可以獲得的報酬率就是5%。但是，忽然之間，因為國際市場發生黑天鵝事件，台股爆發股災，星星公司就算跟此黑天鵝事件完全無關，營運、獲利也都沒有受影響，但受市場悲觀情緒影響，股價仍因此受拖累，這種時候就是投資人伺機撿便宜的好機會。

因為若星星公司仍是發放5元股利，但股價因為受意外利空衝擊，由100元跌到90元，則其現金殖利率就會由原先的5%（5元

圖1 **現金殖利率為現金股利占股價的百分比**
——現金殖利率計算公式

現金殖利率 = 現金股利 / 股價 × 100%

/100 元 ×100%），增至 5.6%（5 元 /90 元 ×100%）。投資人此時買進就會相對划算，代表你用比較少的成本，就可以獲得一樣多的股利！由此可以得知，當現金股利不變時，股價和現金殖利率會呈現反向關係（詳見圖 2）。

不過，股價跌 1 元也是跌，跌 5 元也是跌，到底跌到哪裡才算便宜呢？有沒有基準可以衡量呢？有的！目前公認的是利用「5 年平均現金股利法」作為進出的依據。

在 2-1 討論股利政策時，有提到要檢視一家公司股利政策的穩定度，可以用 5 年為標準，因為 5 年基本上已經可以走完一個景氣小循環。而採用 5 年股利平均來計算現金殖利率的話，就算股利有單一年度出現較劇烈的起伏，殖利率也較不會受到影響。

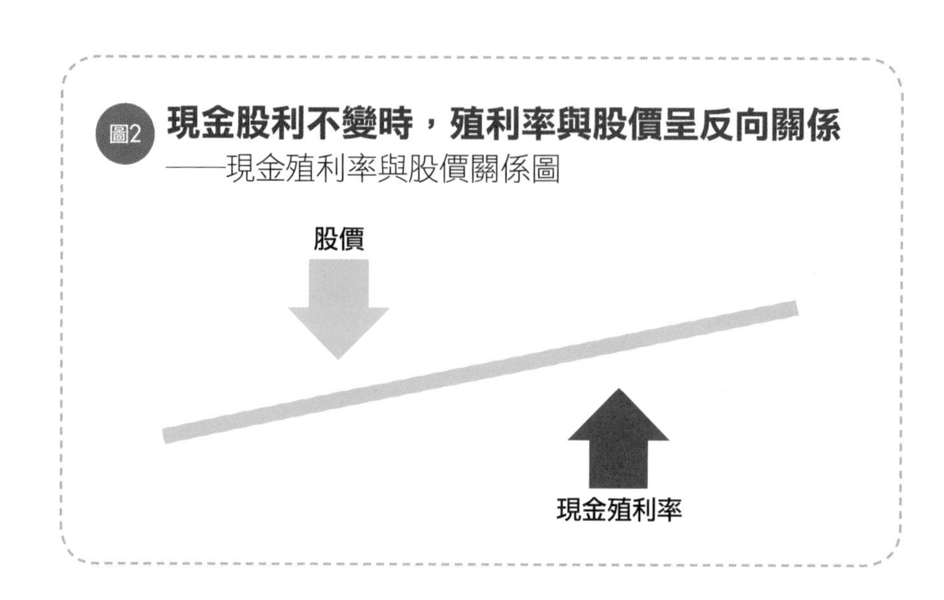

一般來說，當股價為 5 年平均現金股利的 20 倍時，5 年平均現金殖利率為 5%，屬於合理。但當公司的營運、獲利正常，股價卻下跌至股價的 16 倍以下，也就是 5 年平均現金殖利率升至 6.25% 以上時，就代表股價已經相對便宜，是值得進場加碼好時機。相對地，在同樣的營運、獲利條件之下，若是股價已經超過 5 年平均現金股利的 32 倍以上，也就是 5 年平均現金殖利率低於 3.125% 以下，此時就代表股價已經偏貴了，不適合隨意進場加碼（詳見圖 3）。

利用這個標準，也就可以先替存股名單中的個股設算好加碼價格，一旦股價落至此價位之下，就可以啟動加碼計畫。舉例來說，

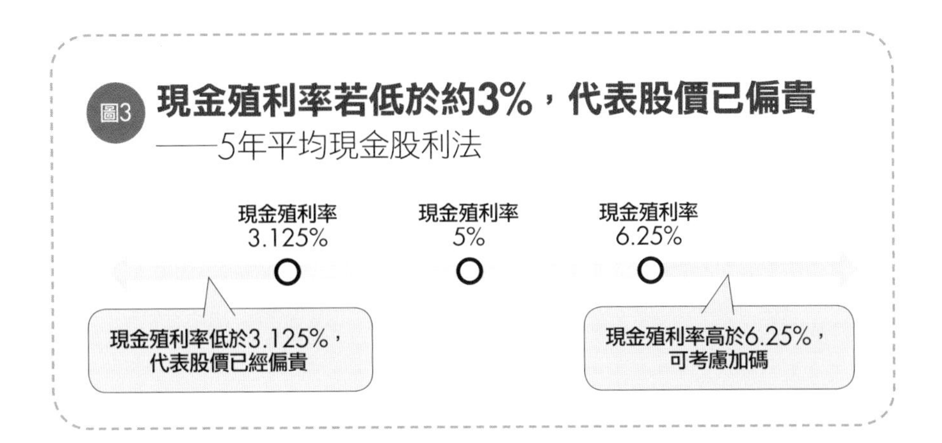

花仙子（1730）5 年平均現金股利為 2.33 元，則代表當股價跌至 37.28 元（2.33 元 ×16 倍）附近或是以下時，就是可以考慮加碼的時候。

想要知道個股的 5 年平均現金股利或是 5 年平均現金殖利率，除了可以自行計算之外，現在許多免費的財經網站上也都會有計算好的數據。財經網站「財報狗」（https://statementdog.com）上還利用這套指標設計了「平均現金股息河流圖」（詳見圖解教學❶），顯示目前個股現金殖利率水準。利用圖像化的方式，讓你能夠一目了然現在個股股價到底是偏貴還是便宜。

不過，還是要再度強調，這樣的判斷方式適用於財務體質良好，且營運、股利發放長期皆穩定的公司。若一家公司營運波動大，財務不夠健全，股利也是一年有一年沒有的，就不適用於利用現金殖利率判斷加碼時間。因為現金殖利率很有可能因為某一年度股利一次性拉高而失真，一旦因此加碼，反而可能會落入高殖利率陷阱。

ETF》股價觸及樂活五線譜的極悲觀線時可加碼

至於要判斷 ETF 的加碼機會，「樂活五線譜」（以下簡稱「五線譜」）則是相當好用的工具，讓投資人可以在股價相對低點時買進，提高投資勝率（操作方式詳見圖解教學❷）。

五線譜這個投資工具是統計學上「均值回歸」的運用，概念是資產價格就算漲高，也不會永遠都維持在高點，總會有回落的時候；而當資產價格跌到低檔，也不可能永遠都不會再上漲，最終總是會反彈的。就如同鐘擺一樣，資產價格在高低點之間擺盪。

設計上，五線譜共有 5 條線，居中的就是設為資產價格的回歸直線，又稱作趨勢線。計算歷史波動價格程度之後，在趨勢線上方跟下方利用 1 個標準差各畫出 1 條線，再利用 2 個標準差在上下各畫出第 4 條及第 5 條線。這 5 條線由上而下，分別為極樂觀線、樂觀線、趨勢線、悲觀線、極悲觀線。

圖4 **當股價跌到極悲觀線，再跌的機率僅剩2.2%**
——元大台灣50（0050）樂活五線譜

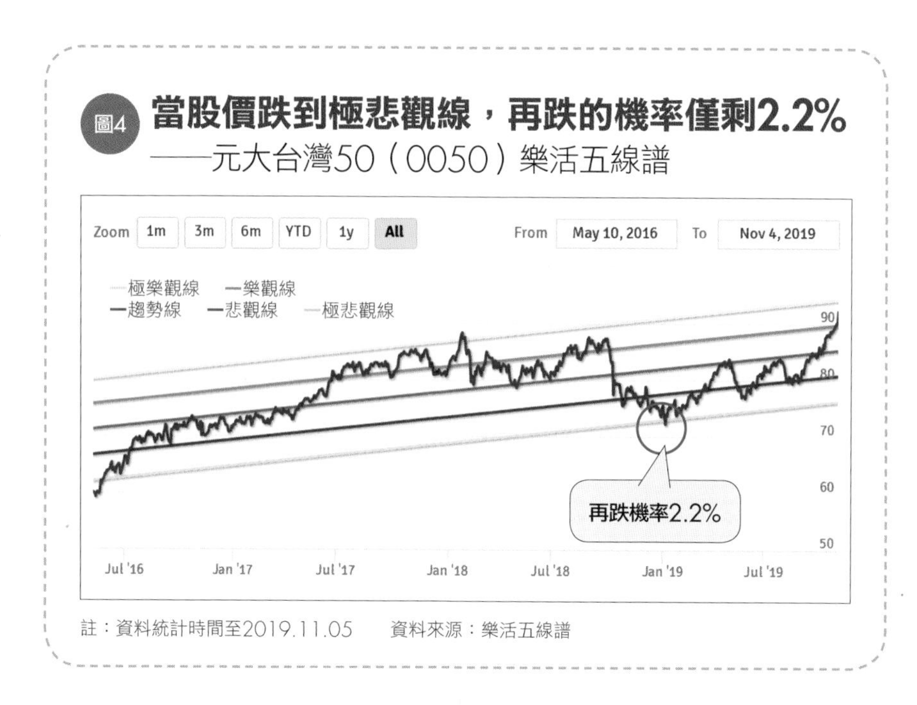

註：資料統計時間至2019.11.05　　資料來源：樂活五線譜

就統計學的常態分布機率來看，ETF 價格絕大多數時間都會落在 2 個標準差之內。當 ETF 價格跌至悲觀線以下時，再跌的機率是 15.8%。若 ETF 價格再進一步跌到極悲觀線時，則再跌的機率則降至 2.2%（詳見圖 4），也就是說，價格下跌的可能性已經極低；反之，上漲的機率則相對要高得多。

相對地，當 ETF 價格漲至樂觀線或是極樂觀線上時，則股價再漲的機率則分別為 15.8% 和 2.2%，再漲的機率可能性也愈來愈低，反而是下跌的機率增加了。

雖然沒有人可以準確抓到最高點和最低點，但是在統計學的支持下知道再漲、再跌的機率後，利用五線譜就可以判斷股價的相對高點跟相對低點。一旦股價觸及極悲觀線，代表再跌的機率極低時，就是可以加碼的時機。

在實際應用上，有兩點可以注意：第 1 是五線譜走勢。五線譜大致上有兩種走勢，一種是左下右上的向上走勢，代表這檔 ETF 追蹤的市場短期內價格雖會有波動，但基本面長期仍是向上。另一種則是左上右下的向下走勢，代表這檔 ETF 追蹤的市場基本面向下。

利用五線譜加碼的方式，運用在長期向上的市場中效果更佳，因為若市場基本面佳，獲利機會自然就比較大。但若遇長期向下趨勢，就算你在極悲觀線布局，之後仍有可能出現，當 ETF 價格雖觸及樂觀線，但仍低於當初極悲觀線進場加碼的價格。這樣一來，當初加碼不見得划算。

第 2，利用不同統計區間跑出的五線譜趨勢，其五線譜的位階會有所不同（詳見圖 5）。要提醒的是，不宜採用太短區間跑五線譜趨勢圖，否則五線譜的位階容易失真。建議追蹤指數的 ETF 可用 3.5

圖5 設定不同的區間，指數在五線譜的位階即不同

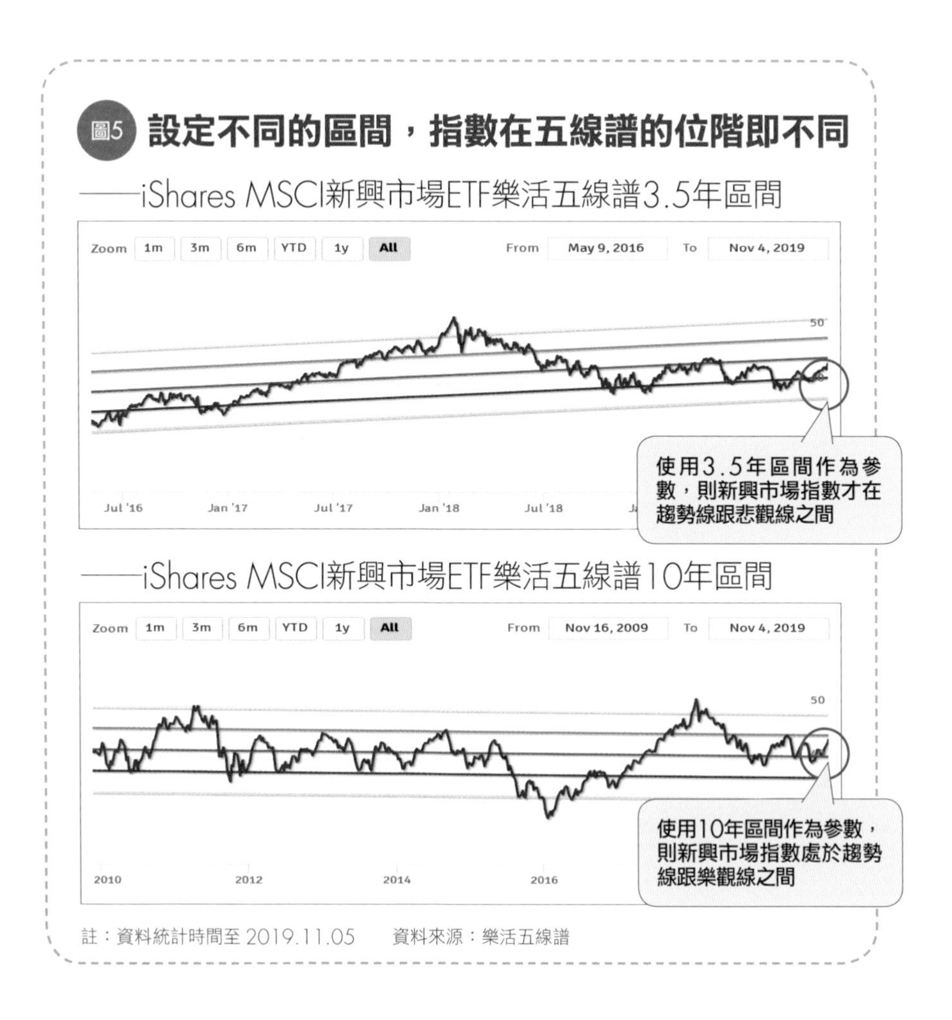

註：資料統計時間至 2019.11.05　　資料來源：樂活五線譜

年區間作為操作的參數。若想要更保險一點、在更划算的價位買進，則可以將參考區間拉長到 10 年，當 10 年區間和 3.5 年區間都落在極悲觀線附近時，更保證是在相對低點買進。

圖解教學❶ 查詢平均現金股息河流圖

首先，進入財報狗網站首頁（https://statementdog.com），在❶股票搜尋欄位輸入個股名稱或是股號查詢，並按下❷搜尋符號，就能進入個股頁面，此處以「聯華（1229）」為例。

在左方欄位選擇❶「價值評估」，接著點選❷「平均現金股息河流圖」後，點選❸「5年平均現金股息河流圖」，就可以看到目前個股月均價的位置。

畫面下方，則可以看見已經利用5年平均現金股息換算好的價位，以聯華為例，最新值得加碼的價位就是❹「24.32」元，當股價低於此價位時就可以加碼買進。

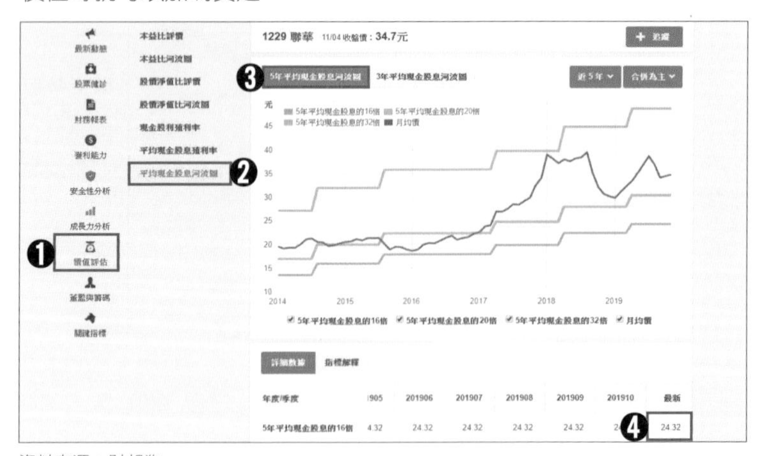

資料來源：財報狗

圖解教學❷ 查詢樂活五線譜

首先，進入「樂活五線譜」（https://invest.wessiorfinance.com/notation.html），接著輸入❶「股票名稱或代碼」，此處以「元大台灣50（0050）」為例。其他數值皆為系統預設，都設定完成之後按下❷「繪圖」。

接著，畫面下方就會跑出❶元大台灣50的3.5年區間樂活五線譜。可以看出目前元大台灣50股價處於極樂觀線跟樂觀線之間。

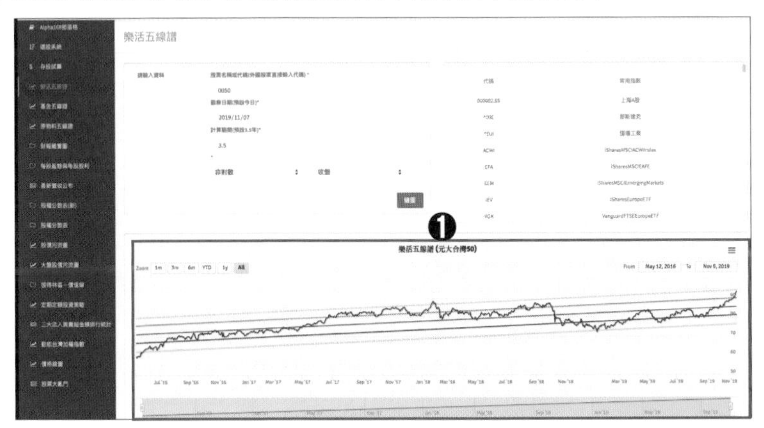

資料來源：樂活五線譜

Chapter 5

搞懂股利政策 安穩收息

透過公開資訊觀測站 掌握股東會資訊

不論是買 1 整張股票還是買零股，就算投資人只有 1 股，都是公司的股東，也都有資格參與每年的股東會。不過，兩者最大的差別在於「會不會收到股東會通知書」。

持有股數超過 1 張的股東，通常會在每年的 5 月～ 6 月間收到「股東會通知書」，公司藉此通知股東參與股東會，但是，絕大部分的公司並不會主動寄發股東會通知書給零股股東，投資人必須自行上網查詢公告。

補充一點，一般市場上常說的「股東會」，其實依據《公司法》第 170 條規定，是指所謂的「股東常會」。在股東常會中，公司會報告及承認前一會計年度的營業事項、財務報表、盈餘分配等。

法規還要求，股東常會每年至少召集 1 次，而且應於每個會計年

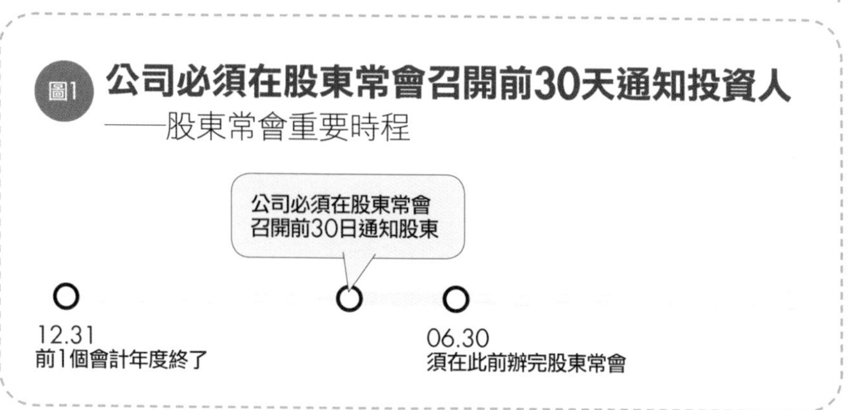

度終了後的6個月內召開，也就是說，公司必須要在每年的6月底前辦完股東常會。另外，公司得在股東常會召開前30日通知股東（詳見圖1）。

雖然主管機關要求股東常會必須「每年至少召集1次」，但是實務上，台灣絕大多數的上市櫃公司，每年也就舉辦這麼1次股東常會。這個一年一度的股東常會跟投資人有什麼關係呢？而這張「股東會通知書」又有什麼值得注意的地方呢？

閱讀股東會通知書，應掌握4重點

收到股東會通知書後，你是否總覺得上面的文字密密麻麻，又一堆專有名詞，根本看不懂？沒關係，只要掌握以下4個重點資訊（詳見圖2）就可以了！

重點1》掌握開會時間與地點

在股東會通知書上會載明股東會的開會時間與地點，如果要親自出席，一定要帶著這張「開會通知書」才能入場；如果不親自出席，可以填寫委託書給受託代理人；如果不想出席、也對公司的決議沒什麼意見，就不用理會這項重點。

重點2》董事會擬分配的股利政策

股東會通知書上會寫出董事會擬分配的股利政策，不過，要注意那只是「擬分配」，如果股東對數字不滿意，可以在股東會上提出，有時候公司會現場加碼喔！

重點3》是否發放紀念品

有些股東會會發放紀念品，投資人可以憑著開會通知書在股東會當天於現場領取，或於規定期限內到指定的地點領取，這些資訊在開會通知書上都會寫出來。

重點4》確認現金股利的匯款戶名、帳號等資訊

最重要的就是確認現金股利會匯到哪邊了！記得確認開會通知書

30秒搞懂股東會通知書的重點資訊
──股東會通知書4重點

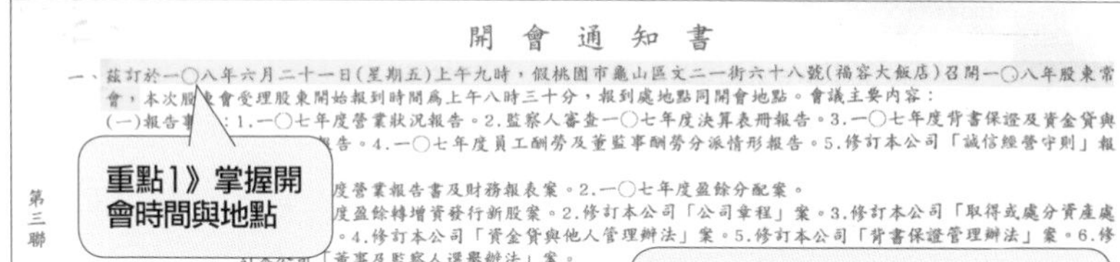

開　會　通　知　書

一、茲訂於一〇八年六月二十一日(星期五)上午九時，假桃園市龜山區文二一街六十八號(福容大飯店)召開一〇八年股東常會，本次股東會受理股東開始報到時間爲上午八時三十分，報到處地點同開會地點。會議主要內容：

(一)報告事項：1.一〇七年度營業狀況報告。2.監察人審查一〇七年度決算表冊報告。3.一〇七年度背書保證及資金貸與……報告。4.一〇七年度員工酬勞及董監事酬勞分派情形報告。5.修訂本公司「誠信經營守則」報……

……度營業報告書及財務報表案。2.一〇七年度盈餘分配案。

……度盈餘轉增資發行新股案。2.修訂本公司「公司章程」案。3.修訂本公司「取得或處分資產處……。4.修訂本公司「資金貸與他人管理辦法」案。5.修訂本公司「背書保證管理辦法」案。6.修訂本公司「董事及監察人選舉辦法」案。

(四)選舉事項：全面改選董事案。

(五)其他議案：解除本公司新任董事競業禁止案。

(六)臨時動議。

二、(一)現金股利：擬提撥新台幣299,306,397元，每股擬分配1.8元，俟股東常會通過後授權董事會訂定配息基準日配發之。

(二)股票股利：擬提撥新台幣83,140,660元，盈餘轉增資發行新股8,314,066股，每股面額新台幣10元，按配股基準日股東名冊記載之股東持股比率，每仟股配發50股，其配發不足一股之畸零股授權董事長洽特定人按面額認購之，新股之權利義務與已發行之股份相同。

第三聯

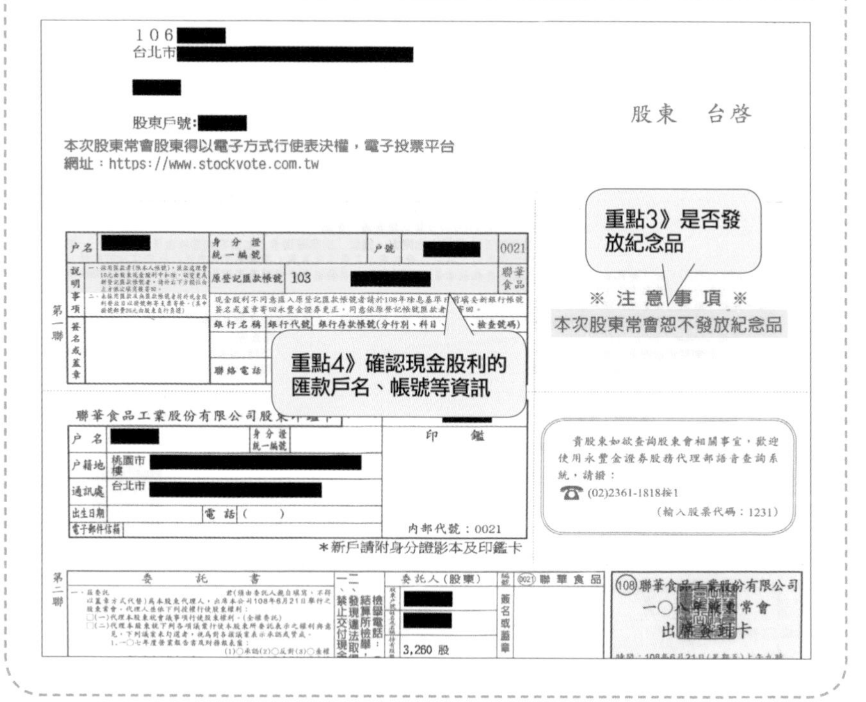

106
台北市

股東戶號:

股東　台啓

本次股東常會股東得以電子方式行使表決權，電子投票平台網址：https://www.stockvote.com.tw

※ 注 意 事 項 ※
本次股東常會恕不發放紀念品

戶名		身分證統一編號		戶號		0021
說明事項		原登記匯款帳號	103			聯華食品
簽名或蓋章		銀行名稱	銀行代號	銀行存款帳號(分行別、科目、…、檢查號碼)		
		聯絡電話				

第一聯

聯華食品工業股份有限公司股東…

戶名		身分證統一編號		印鑑
戶籍地	桃園市			
通訊處	台北市			
出生日期		電話( )		
電子郵件信箱				內部代號：0021

*新戶請附身分證影本及印鑑卡

貴股東如欲查詢股東會相關事宜，歡迎使用永豐金證券股務代理部語音查詢系統，請撥：
(02)2361-1818按1
(輸入股票代碼：1231)

第二聯

委　託　書

委託人(股東)　3,260 股

(108)聯華食品工業股份有限公司
一〇八年股東常會
出席簽到卡

上的戶名、帳號等，如果資訊都正確，那就等股東會結束，股利政策出爐後，現金入袋。

由於零股的股東不見得會收到股東會通知書，如果沒有注意，就會讓股東應享的權利溜走，因此，投資人可以在每年的 4 月至 5 月就開始密切關注「公開資訊觀測站」的訊息，以確認股東會何時召開，以及相關資訊（詳見圖解教學❶）。

買進時間、持有股數，決定拿不拿得到紀念品

對於存股的小資族來說，除了領到股利之外，股東會發放的紀念品也不無小補，因為股東會的紀念品往往都是相當實用的東西，例如：洗衣精、雨傘、香皂等，有時候甚至會有等同現金的禮券或商品卡。投資人領取之後，如果自己沒有要用，也可以上網拍賣換取現金。

不過，不是每一位股東都能拿到股東會紀念品，這跟「買進時間」與「持有股數」有很大的關係。

股東會往前推算 60 天為「最後過戶日」，可是，買進股票後，交割需要 2 天，因此，最後過戶日往前再推算 2 天才是「最後買進

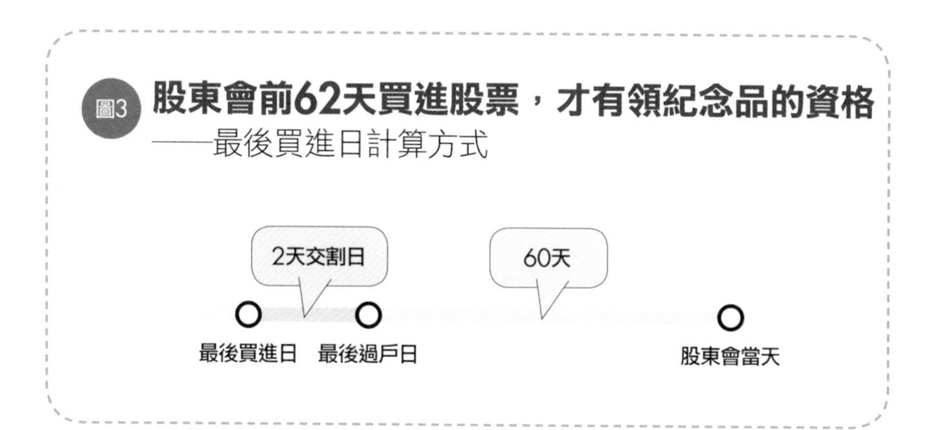

日」。也就是說，投資人必須要在股東會召開日的前 62 天買進該公司的股票，才具備領取股東會紀念品的資格（詳見圖 3）。

然而，並不是每一家公司都會發放股東會紀念品，就算有發放，也不見得會發放給零股股東，而有些公司的做法是，如果零股股東親自出席股東會或以電子方式行使表決權，才會給予紀念品。零股股東能不能領紀念品或發放的條件為何，一樣都可以在「公開資訊觀測站」裡的「召開股東常會之公告」中查詢。

總結來看，如果你在最後買進日之前已經持有股票，而且超過 1 張，也就是超過 1,000 股，那一定會收到股東會通知書，不管在股東會前你是否賣出標的，都有領取股東會紀念品的資格，因為發放紀念品時，發放單位是認投資人手上的開會通知書。

如果是零股股東，即使在最後買進日之前已經持有股票，也不一定會收到股東會通知書，可是，不論收到與否，能不能領取紀念品都要視公司的政策而定（詳見表 1）。

善用免費網站，查詢歷年股東會紀念品優劣

有領取資格者，要怎麼領到紀念品呢？除了親自參與股東會之外，也可以透過市場上所謂的委託書徵求業者代為領取，這些業者有的會在各縣市設立委託書徵求與紀念品代換處、有的會設立股東代領網站，投資人可以委託他們出席股東會、代換紀念品。而有的業者會收取幾十元的代換費、有的則免費，投資人都能事先詢問。

若是利用電子方式行使表決權且投票成功的股東，則需要印出相關的憑證，然後至公司指定的地點領取紀念品。公司會在「召開股東常會之公告」中載明電子投票的時間，以及紀念品領取的時間和地點。

至於電子投票，目前是由台灣集中保管結算所設立的「股東會電子投票平台——股東 e 票通」（www.stockvote.com.tw），讓各家

零股投資人能否領紀念品，須視公司政策而定
——領取股東會紀念品資格

持有股數	會不會收到股東會通知書	有無領取紀念品的資格
超過 1 張	會	有
零股	不一定，但絕大多數不會	不一定，視公司政策而定

註：假定都是在最後買進日前已經持有股票

公司作為股東行使電子投票的平台，不管持有零股或超過 1 張股票的投資人，都能利用這個平台行使股東投票的權利。

最後補充一點，投資人可以利用免費網站查詢公司近幾年是否有發放紀念品，以及紀念品是什麼（詳見圖解教學❷）。公司政策通常會有連貫性，如果覺得某家公司每年的紀念品都不錯，而且零股股東也能領取，不妨買進該家公司的零股，等著明年拿紀念品吧！當然，前提是這家公司的股票值得買進存股，千萬不要本末倒置。

圖解教學❶ 查詢股東會相關資訊

進入「公開資訊觀測站」首頁（mops.twse.com.tw），點選上方選單的❶「股東會及股利」→❷「股東常會（臨時會）公告」→❸「召開股東常（臨時）會及受益人大會（94.5.5後之上市櫃/興櫃公司）」。

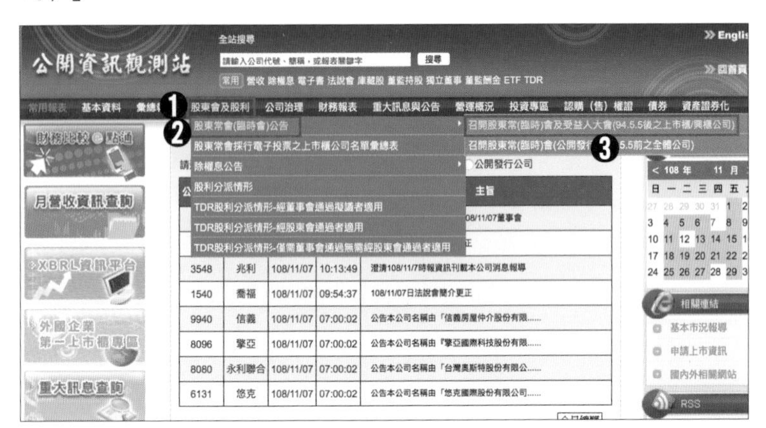

STEP 2

進入下一個頁面，輸入欲查詢的股票代號（此處以❶「味全（1201）」為例）後，按下❷「查詢」。在出現公告後，點選❸「詳細資料」。

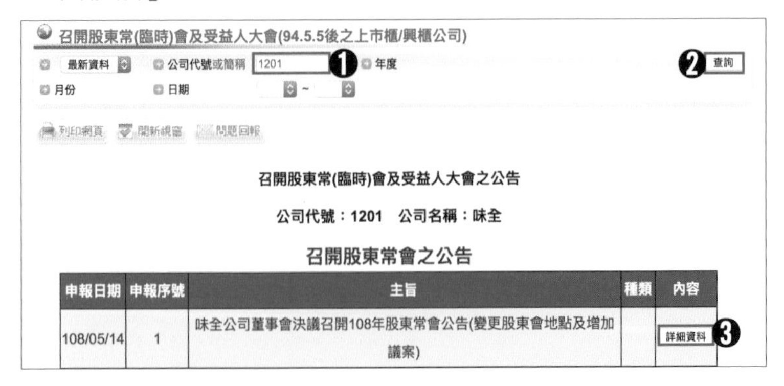

申報日期	申報序號	主旨	種類	內容
108/05/14	1	味全公司董事會決議召開108年股東常會公告(變更股東會地點及增加議案)		詳細資料

接著，系統會出現新視窗，即「召開股東常會之公告」，投資人可以從中查得股東常會的所有重點，包含❶開會資訊、❷擬分配的股利政策、❸紀念品發放事宜等等。

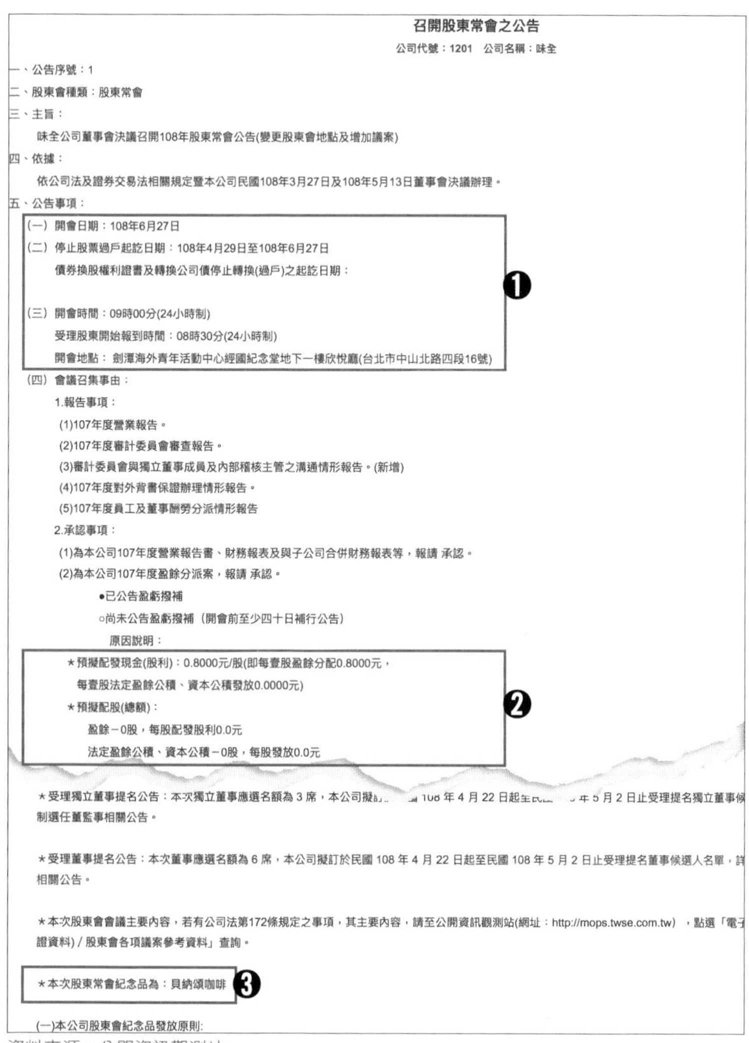

召開股東常會之公告

公司代號：1201　公司名稱：味全

一、公告序號：1

二、股東會種類：股東常會

三、主旨：

味全公司董事會決議召開108年股東常會公告(變更股東會地點及增加議案)

四、依據：

依公司法及證券交易法相關規定暨本公司民國108年3月27日及108年5月13日董事會決議辦理。

五、公告事項：

（一）開會日期：108年6月27日

（二）停止股票過戶起訖日期：108年4月29日至108年6月27日

債券換股權利證書及轉換公司債停止轉換(過戶)之起訖日期：

❶

（三）開會時間：09時00分(24小時制)

受理股東開始報到時間：08時30分(24小時制)

開會地點：劍潭海外青年活動中心經國紀念堂地下一樓欣悅廳(台北市中山北路四段16號)

（四）會議召集事由：

1.報告事項：

(1)107年度營業報告。

(2)107年度審計委員會審查報告。

(3)審計委員會與獨立董事成員及內部稽核主管之溝通情形報告。(新增)

(4)107年度對外背書保證辦理情形報告。

(5)107年度員工及董事酬勞分派情形報告

2.承認事項：

(1)為本公司107年度營業報告書、財務報表及與子公司合併財務報表等，報請 承認。

(2)為本公司107年度盈餘分派案，報請 承認。

●已公告盈虧撥補

○尚未公告盈虧撥補（開會前至少四十日補行公告）

原因說明：

★預擬配發現金(股利)：0.8000元/股(即每壹股盈餘分配0.8000元，

每壹股法定盈餘公積、資本公積發放0.0000元)

★預擬配股(總額)：

盈餘－0股，每股配發股利0.0元

法定盈餘公積、資本公積－0股，每股發放0.0元

❷

★受理獨立董事提名公告：本次獨立董事應選名額為 3 席，本公司擬訂 108 年 4 月 22 日起至民國 108 年 5 月 2 日止受理提名獨立董事候制選任董監事相關公告。

★受理董事提名公告：本次董事應選名額為 6 席，本公司擬訂於民國 108 年 4 月 22 日起至民國 108 年 5 月 2 日止受理提名董事候選人名單，詳相關公告。

★本次股東會會議主要內容，若有公司法第172條規定之事項，其主要內容，請至公開資訊觀測站(網址：http://mops.twse.com.tw)，點選「電子證資料) / 股東會各項議案參考資料」查詢。

★本次股東常會紀念品為：貝納頌咖啡 ❸

(一)本公司股東會紀念品發放原則:

資料來源：公開資訊觀測站

圖解教學❷ 查詢股東會紀念品

進入「撿股讚」首頁（stock.wespai.com），點選❶「股東會紀念品」→❷「2019年（108年）股東會紀念品」。

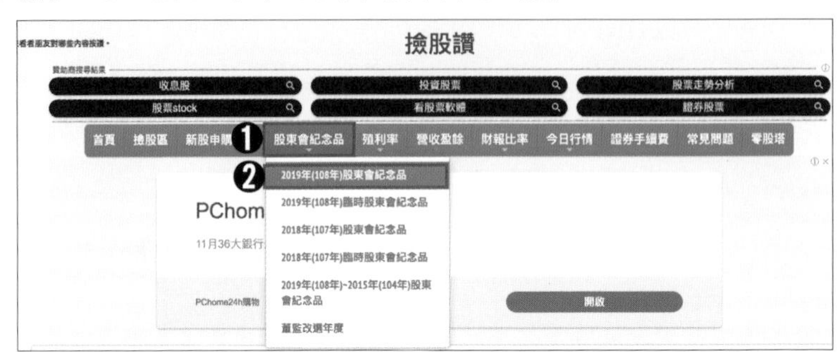

接著，投資人就能看到各家公司在2019年股東會紀念品是什麼，而且可以點選❶「圖」，查看網友們分享的紀念品實體照片。如果沒有看到想要查詢的公司，則能利用右上方的❷「搜尋」，輸入股票代號後，就可以看到。若輸入後顯示「查無資料」，則表示該公司當年度沒有發放股東會紀念品。

❷ 搜尋:

序號	代號	公司	單拿的到	股價	紀念品	買賣得出去	開會日期	開會地點	最後買進日	股代	股代電話	零股寄單	是否改選	大家發大財	圖
1	2614	東森		10.6	PS美美研麗膜(7入/1盒)		05.29	台北	03.27	統一	02-27463797	否	無	❶	●
2	6443	元晶		7.85	50元全家禮物卡		03.29	屏東	01.24	第一	02-25635711	否	董		
3	5227	立凱-KY		15.5	玻璃微波保鮮盒		04.12	桃園	01.30	群益	02-27023999	否	無		●
4	2380	虹光		3.74	超商商品卡		04.12	新竹	01.29	永豐	02-23816288	否	無		
5	8436	大江		338.5	高級面膜福袋乙袋		05.16	屏東	03.13	富邦	02-23611300	否	無		●
6	1708	東鹼		25.1	麗仕香皂禮盒		06.05	宜蘭	04.01	中信	02-66365566	否	無		●
7	1452	宏益纖		18.3	高露潔口腔清潔旅行組		06.12	桃園	04.10	群益	02-27023999	否	無		●
8	8271	宇瞻		36	隨身碟		05.30	新北	03.27	凱基	02-23892999	否	無		●
9	1314	中石化		10.15	真空不鏽鋼隨手杯		05.24	苗栗	03.21	自辦	02-89782589	否	無		●
10	4108	懷特		18.8	清潔品		05.28	桃園	03.27	福邦	02-23711658	否	無		●
11	4968	立積		218	50元全家禮物卡		05.24	台北	03.21	台新	02-25048125	否	董		
12	4927	泰鼎-KY		42.5	香皂禮盒		06.05	台北	04.01	中信	02-66365566	否	董		●
13	6146	耕興		198	台梗9號白米(2KG裝)		06.14	桃園	04.11	凱基	02-23892999	否	董		
14	2913	農林		16.6	德威樂義大利麵二包		05.23	苗栗	03.20	福邦	02-23711658	否	無		●
15	4939	亞電		17.9	50元7-11商品卡		05.24	新竹	03.21	福邦	02-23711658	否	無		
16	3264	欣銓		28.35	50元全家禮物卡		05.30	新竹	03.27	中信	02-66365566	否	無		

資料來源：撿股讚

挑選會配息的好公司 才能領股利又賺價差

股東會後，存股的投資人就準備開心領股利啦！因為股東會上會決定最終的股利政策，所以每一位存股族都能算出自己的荷包能進帳多少。但是，股利又分為現金股利與股票股利，到底要怎麼計算呢？而公司分給股東們的錢，又是從何而來呢？

公司透過除權與除息，將獲利分配給股東

公司在營運的過程中，會創造現金進帳。由於股東握有公司的股權，因此可以分享公司獲利時的利潤，即便是小小的零股股東也一樣。而公司會藉由「除權」或「除息」的方式將獲利分給股東。

所謂的除權，就是公司發「股子」給股東，投資人可以拿到「股票股利」。假設每股配發 2 元的股票股利，而投資人原先有 1,000 股，在參與除權後，就可以拿到 200 股的股子，計算公式為：「股

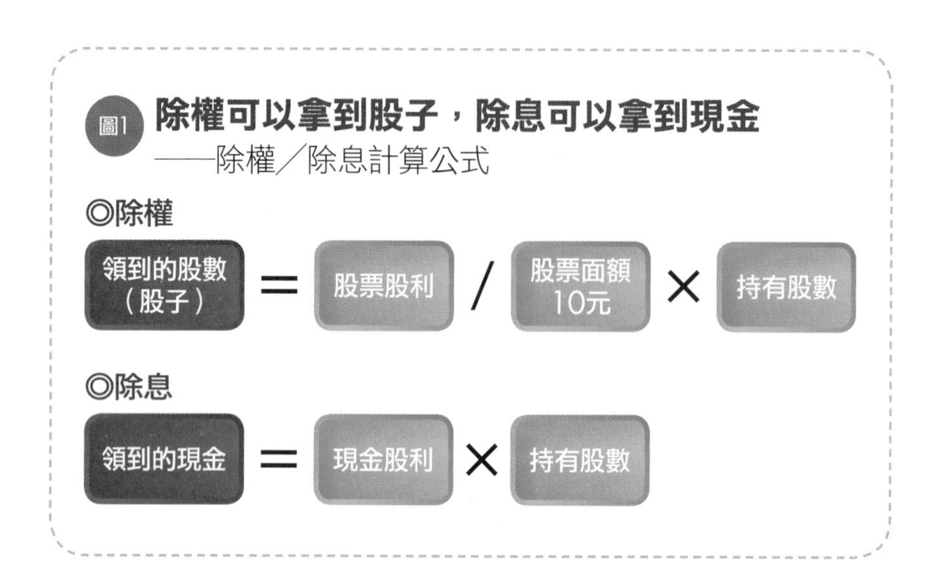

票股利 ÷ 股票面額 10 元 × 持有股數」（詳見圖 1），因此，加計原先的持股，投資人手中便會有 1,200 股。

所謂的除息，就是公司發「現金」給股東，投資人可以拿到「現金股利」。假設每股配發 2 元的現金股利，而投資人原先有 1,000 股，在參與除息後，就可以拿到 2,000 元的現金，計算公式為：「現金股利 × 持有股數」（詳見圖 1），持有的股數還是 1,000 股，不會改變。

如果公司決定同時除權又除息，假設同樣都是 2 元，則投資人可

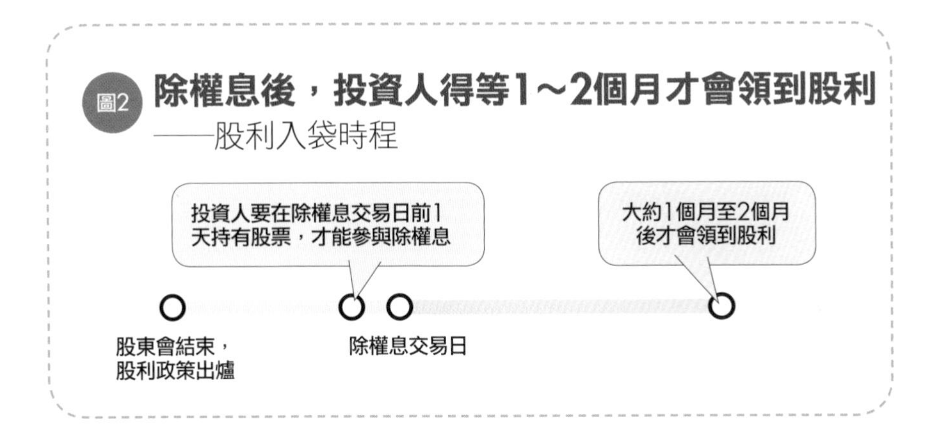

以拿到 200 股的股票股利，以及 2,000 元的現金股利。

投資人只要在除權息交易日前 1 天持有股票，就可以參與公司的除權息，即使在除權息交易日當天賣出，也同樣可在股利發放日拿到股利。舉例來說，假設某家公司預計於 8 月 2 日進行除權息，投資人最遲要在 8 月 1 日買進，並且持有至 8 月 2 日開盤，即便你在 8 月 2 日盤中出清持股，同樣享有配發股利的權利（詳見圖 2）。

至於多久才能拿到股利呢？在除權息交易日後，通常要等 1 個月至 2 個月，才會拿到股利。現金股利的部分，會先扣除匯款手續費後，才入到投資人的交割戶，也就是買賣股票時，用來繳付或取回價金的銀行帳戶，而匯款手續費通常是 10 元；股票股利的部分，會直接匯入投資人的集保帳戶，匯入後，就可以直接在股票庫存中看到。以上述的例子來說，原先的 1,000 股就會變成 1,200 股。

順帶一提，除權、除息不見得是在同一天，即便是同一天，現金股利跟股票股利也不一定會在同一天發放，投資人可以利用「公開資訊觀測站」或免費網站查詢（詳見圖解教學❶），或者是直接打電話問你的營業員。

計算除權息參考價，除權用除法、除息用減法

不過，投資人有發現嗎？為什麼在除權息當天，股價開盤都會「下跌」呢？簡單來說，那是因為「總價值不變」的道理（詳見圖 3）。當公司進行除息，代表公司拿現金發給股東，公司的淨值將會減少，因此，股票對應的價值也隨之降低，股價就必須跟著調整；當公司進行除權，代表公司配發股子給股東，公司在市場上流通的股數就會增加，雖然淨值沒有減少，但是換算後，每股所表彰的價值還是降低了，因此，股價也需要跟著調整。

調整的方式，是根據個股除權息前一個交易日的收盤價，計算出「除權息參考價」，而這個除權息參考價就是除權息當天開盤的基準。因此，當公司配息、配股的金額愈大，除權息參考價就會與除

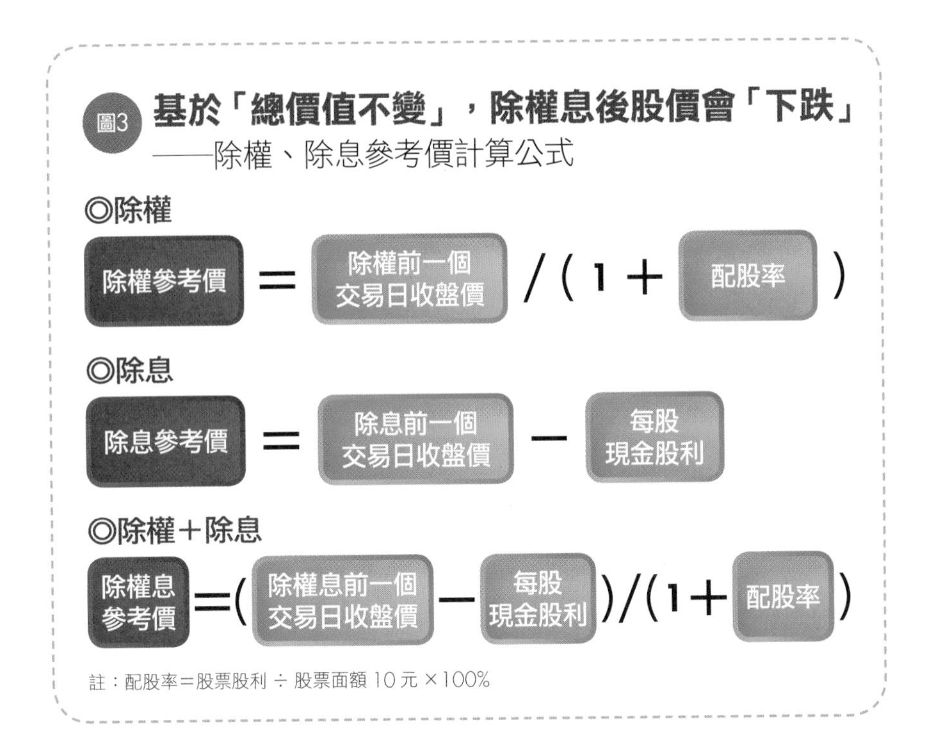

權息前的價格落差愈大，看起來就「下跌」得愈多。而除權息參考價的計算方式並不難，邏輯是：除權用除法、除息用減法。

當個股除權時，除權參考價等於「除權前一個交易日收盤價 ÷（1＋配股率）」。所謂的配股率是指「股票股利 ÷ 股票面額 10 元 ×100%」。假設除權前一天的股價是 100 元，配股 2 元，配股率為 20%，計算出來的除權參考價為 83.33 元（100 元 ÷（1＋

20%））。

當個股除息時，除息參考價等於「除息前一個交易日收盤價－每股現金股利」。假設除息前一天的股價是 100 元，配息 2 元，計算出來的除息參考價為 98 元（100 元－ 2 元）。

有些公司會同時除權又除息，除權息參考價就是「（除權息前一個交易日收盤價－每股現金股利）÷（1 ＋配股率）」。假設除權息前一天的股價是 100 元，配息 2 元、配股 2 元，計算出來的除權息參考價就會是 81.66 元（（100 元－ 2 元）÷（1 ＋ 20%））。

如果不想自己試算，台灣證券交易所也有網頁可供投資人輸入資料後，由系統算出除權息參考價（詳見圖解教學❷）。

基於「總價值不變」的原則，除權息當天股價向下調整，這樣存股族不就「左口袋進右口袋」，根本沒賺到錢嗎？當然不是！這要看股價接下來的發展是「填權息」還是「貼權息」。

如果市場看好公司的後市，許多投資人在除權息後仍會持續買進，當愈來愈多人追捧，不管是在除權息當天或在未來的交易日中，股

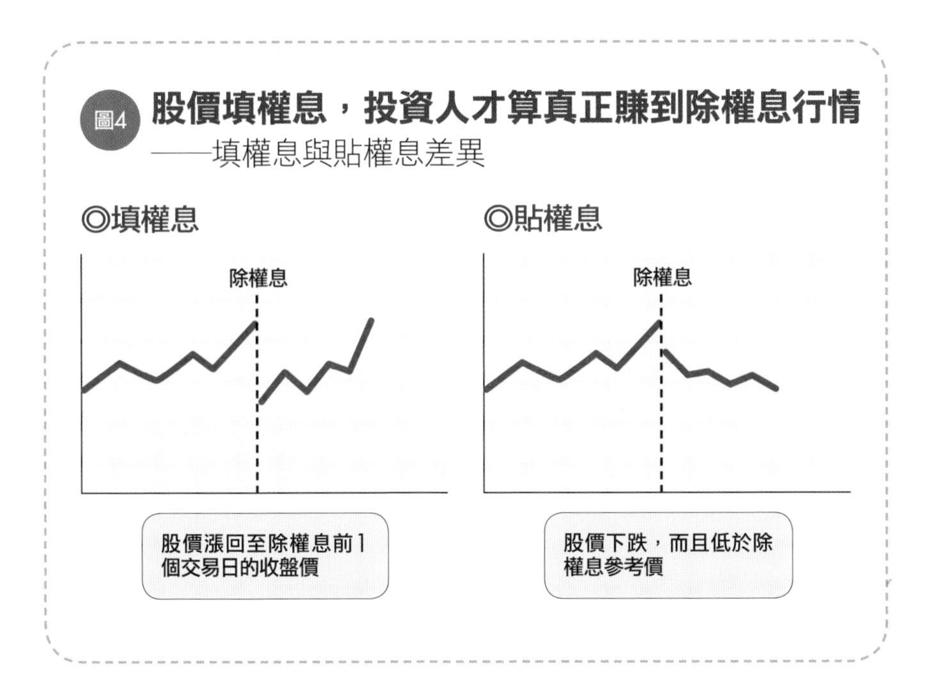

圖4 股價填權息，投資人才算真正賺到除權息行情
——填權息與貼權息差異

價就會漸漸漲過除權息參考價，甚至漲回除權息前一個交易日的收盤價，此時稱為「填權息」；反之，如果除權息之後，股價不漲反跌，表示投資人不看好這檔股票的後市，股價持續下跌，甚至低於除權息參考價，則稱為「貼權息」，意味著投資人賺到股利，卻賠了價差（詳見圖4）。

對於存股族來說，最棒的情況當然就是領到滿滿的股利，股價又可以同步填權息，例如台股績優生台積電（2330），每年除權息

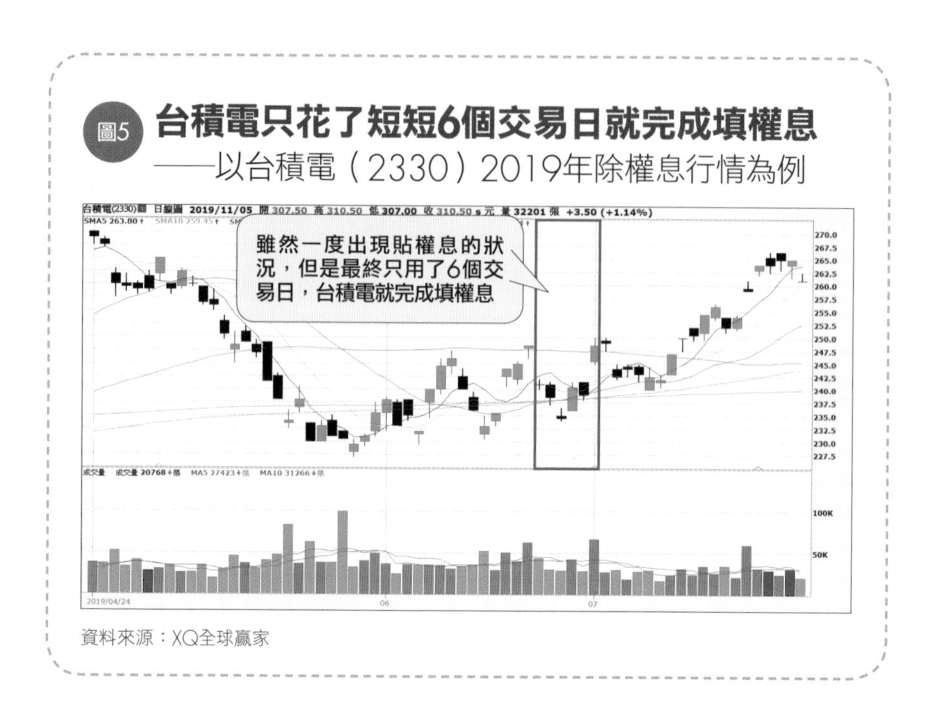

圖5 **台積電只花了短短6個交易日就完成填權息**
——以台積電（2330）2019年除權息行情為例

資料來源：XQ全球贏家

後都能順利填權息。以 2019 年分配 2018 年全年度的獲利來看，台積電於 6 月 24 日每股除息 8 元，前 1 個交易日（6 月 21 日）收盤價為每股 248.5 元，因此，除權息參考價為 240.5 元（248.5 元－ 8 元）。

在 6 月 24 日除息後，雖然台積電在之後幾個交易日出現股價下跌，甚至出現低於除權息參考價的「貼權息」狀況，但是很快就止穩，而且只花了 6 個交易日，在 7 月 1 日時，股價就回到了

248.5 元，完成填權息（詳見圖 5）。

如果投資人在 248.5 元買進，相當於打平，可是，只要股價持續上漲，等於賺到股利也賺到價差。

股利持續再投入，才能讓資產快速成長

投資人領到股利之後，一定要記得用股利持續買進零股，擴大股票部位，才能發揮複利效果，讓資產累積的速度愈來愈快。運用方式則可以參考第 4 篇中的方式，平均分配在定期定額的資金中或先存起來等待低點時再伺機加碼。

圖解教學❶ 查詢除權息相關日程

進入「Goodinfo！台灣股市資訊網」首頁（goodinfo.tw），在上方搜尋列輸入❶「股票代號/名稱」（此處以鴻海（2317）為例），輸入後按下❷「股票查詢」。

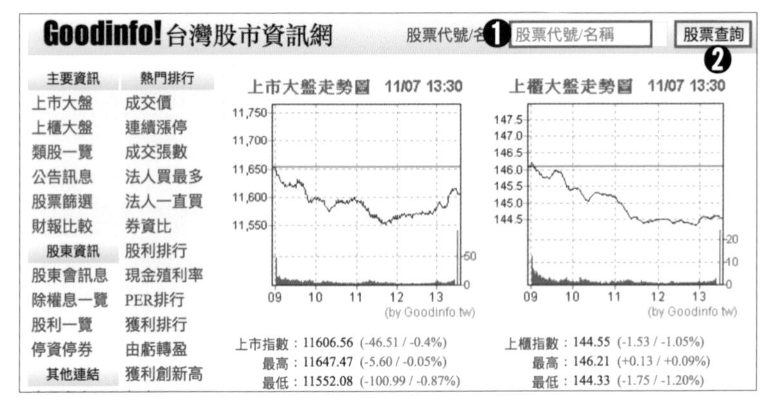

STEP 2

進入下個頁面，點選左方選單中的❶「除權息日程」。

Goodinfo! 台灣股市資訊網　股票代號/名稱　股票代號/名稱　股票查詢

基本分析	籌碼分析
個股市況	法人買賣
經營績效	融資融券
資產狀況	現股當沖
現金流量	股東結構
每月營收	持股分級
產品營收	董監持股
基本資料	申報轉讓
新聞及公告	技術分析
股東權益	個股K線圖
股東會日程	K線比較圖
股利政策	本益比河流圖
❶ 除權息日程	本淨比河流圖
停資停券日	乖離率河流圖
財務報表	季漲跌統計
資產負債表	月漲跌統計

2317 鴻海　股價近低　PBR破低　資料日期: 11/07

成交價	漲跌價	漲跌幅	昨收	開盤價	最高價	最低價
90.8	+0.4	+0.44%	90.4	90.4	91	89.8
成交張數	成交金額	成交筆數	成交均張	成交均價	PER	PBR
90,900	82.18 億	33,469	2.7 張/筆	90.4 元	10.08	1.03
昨日張數	昨日金額	昨日筆數	昨日均張	昨日均價	昨漲跌價 (幅)	
102,693	92.48 億	43,449	2.4 張/筆	90.05 元	+0.4 (+0.44%)	

連漲連跌: 連6漲 (+10.6元 / +13.22%)
財報評分: 最新38分 / 平均42分　上市指數: 11606.56 (-46.51 / -0.4%)

接著，系統就會顯示鴻海過去的除權息相關日程與資訊，包含❶「股東會日期」、❷「除息交易日」、❸「除權交易日」、❹「現金股利發放日」等等。以2019年來看，鴻海在7月25日除息，投資人在8月23日可以拿到現金股利。

2317 除權息日程 表　匯出XLS　匯出HTML

股利發放年度	股利所屬盈餘期間	董事會日期	❶股東會日期	❷除息交易日	除息參考價(元)	❸除權交易日	除權參考價(元)	❹現金股利發放日	股東股利(元/股) 現金股利			股票股利			股利合計
									盈餘	公積	合計	盈餘	公積	合計	
2019	2018年全年	2019/05/10	2019/06/21	2019/07/25	77.3			2019/08/23	4	0	4	0	0	0	4
2018	2017年全年	2018/05/11	2018/06/22	2018/07/25	83.2			2018/08/24	2	0	2	0	0	0	2
2017	2016年全年	2017/05/11	2017/06/22	2017/07/13	114			2017/08/10	4.5	0	4.5	0	0	0	4.5
2016	2015年全年	2016/05/12	2016/06/22	2016/09/02	75.8	2016/09/02	75.8	2016/10/07	4	0	4	1	0	1	5
2015	2014年全年	2015/05/15	2015/06/25	2015/09/03	82.7	2015/09/03	82.7	2015/10/07	3.8	0	3.8	0.5	0	0.5	4.3
2014	2013年全年	2014/05/14	2014/06/25	2014/08/28	98.4	2014/08/28	98.4	2014/09/30	1.8	0	1.8	1.2	0	1.2	3
2013	2012年全年	2013/05/14	2013/06/26	2013/09/09	74	2013/09/09	74		1.5	0	1.5	1	0	1	2.5
2012	2011年全年	2012/04/28	2012/06/18	2012/08/10	81.4	2012/08/10	81.4		1.5	0	1.5	1	0	1	2.5
2011	2010年全年	2011/04/27	2011/06/08	2011/07/29	81.2	2011/07/29	81.2		1	0	1	1	0	1	2
2010	2009年全年	2010/04/26	2010/06/08	2010/08/25	117	2010/08/25	117		2	0	2	1.2	0	1.2	3.2
2009	2008年全年	2009/01/21	2009/04/16	2009/06/02	111.5	2009/06/02	111.5		1.1	0	1.1	1.5	0	1.5	2.6

資料來源：Goodinfo! 台灣股市資訊網

圖解教學❷ 查詢除權息參考價

進入台灣證券交易所首頁（www.twse.com.tw），點選❶「產品與服務」→❷「投資人知識網」。

臺灣證券交易所

字體大小 A A A | 會員專區 | 日本語ホームページ | English Home

公開資訊觀測站 | 基本市況報導 | TWSE 網站：公司治理中心

關於證交所　交易資訊　指數資訊　上市公司　❶產品與服務　結算服務　市場公告　法令規章

上市證券種類
- 股票
- 臺灣存託憑證
- 認購(售)權證
- 債券
- 受益憑證
- ETF
- 受益證券
- ETN

有價證券借貸
- 有價證券借貸制度介紹
- 借券資訊
- 法規、公告、函令
- 各項契約及表格
- 有價證券借貸里程碑與新聞
- 問答集

證券編碼
- 證券編碼查詢
- 證券編碼公告

法人機構識別碼LEI

證券商服務
- 證券商資訊
- 證券商辦理定期定額業務資料
- 證券商辦理有價證券借貸
- 證券業務借貸款項及不限用途款項借貸

投資人教育
- ❷投資人知識網
- 僑外投資
- 防制內線交易

查詢個人資料服務
- 投資人個人資料查詢系統
- 投資人查詢/查詢被繼承人在證券集中交易市場帳戶或交易資料作業程序
- 證券投資信託/顧問事業員工暨其配偶及未成年子女委託查詢證券開戶及交易資料作業程序

資訊服務
- 資訊服務
- 即時交易資訊
- 即時股價指數資訊
- 延遲交易資訊
- 盤後資訊與歷史交易資料
- 交易資訊使用管理辦法、契約、收費標準
- 簽約資訊公司名冊

- 問答集

交易系統
- 一般交易
- 權證逐筆交易
- 盤後定價交易
- 零股交易
- 鉅額交易
- 拍賣
- 標購
- 中央登錄公債及外國債券
- 綜合交易帳戶
- 有價證券暫停及恢復交易
- 交易方式彙總
- 當日沖銷交易專區
- 定期定額投資
- 雙幣ETF交易專區
  - 雙幣ETF交易機制介紹
  - 代號對應及每日公告匯率

- 逐筆交易制度介紹

網路資訊商店

Co-Location主機共置

出版品
- 證券服務
- 證券市場發展動態
- 研究報告
- 其他出版品
- 證券市場月訊

接續下頁

STEP 2

進入下一個頁面後，點選❶「服務專區」→❷「除權除息減資參考價格等試算」。

STEP 3

接著，點選左側選單的❶「除權除息減資參考價格等試算」。

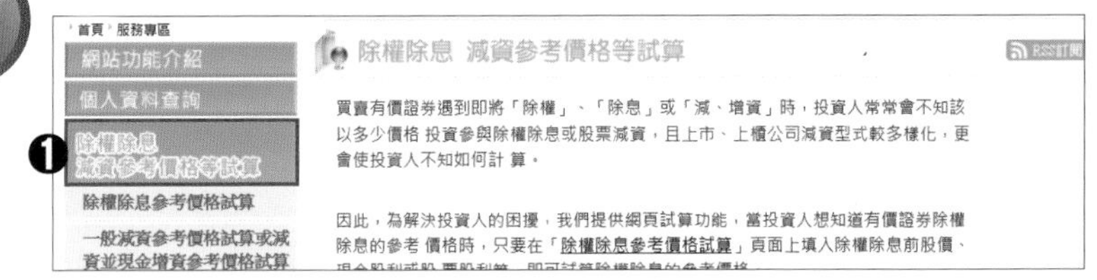

STEP 4

只要在對應的欄位輸入欲試算的資料即可算出除權息參考價。舉例來說，在❶「除權除息前股價」填入100元、❷「現金股利」填入2元，按下❸「試算」，就可以得知❹「參考價試算結果」為98元。

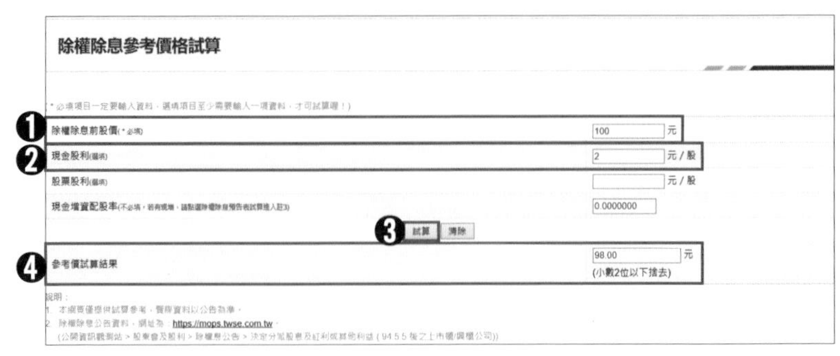

資料來源：台灣證券交易所

股利所得合併計稅 較適合低稅率零股族

享受權利，當然也要肩負義務！存零股可以領股利，當然也要繳納股利所得稅。2018 年《所得稅法》修正案通過，2019 年 5 月申報所得稅時適用。新制廢除了實施將近 20 年的「兩稅合一」制度，取而代之的是讓納稅義務人自行選擇的 2 種報稅方案：「股利所得合併計稅」或「單一稅率分開計稅」，可擇優申報。

此外，如果單次領取的股利達 2 萬元，還要收取二代健保補充保費（以下簡稱為「補充保費」），是以股利金額的 1.91% 計算，以下分別說明：

股利所得稅》可選擇合併計稅或分離計稅

先來看股利所得稅，分為「股利所得合併計稅」或「單一稅率分開計稅」2 種方案，主要差異在於「股利所得是否要併入其他所得

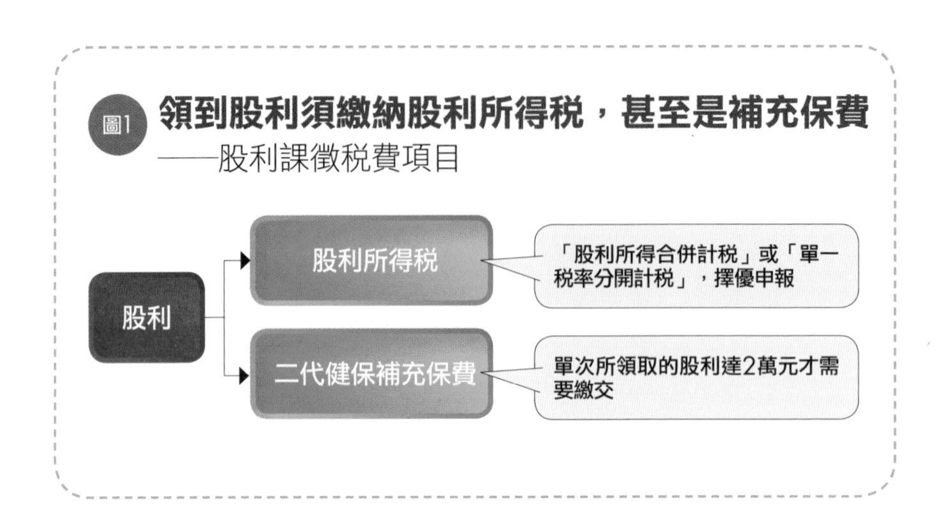

一起申報」，不論是哪種方案，稅款都是在每年 5 月申報前 1 年綜合所得稅時繳納。

所謂的「股利所得」，包含現金股利與股票股利的價值（詳見圖 2）。股票股利是以每股面額 10 元計算，也就是說，假設某家公司發放每股現金股利 2 元、股票股利 1 元，投資人持有 1 張股票，則可以領到現金股利 2,000 元、股票股利 100 股，股利所得為 2,000 元，加上股票股利的價值 1,000 元，總計 3,000 元。

接著，以下將詳細說明股利所得的 2 種方案，以及投資人應該如何選擇：

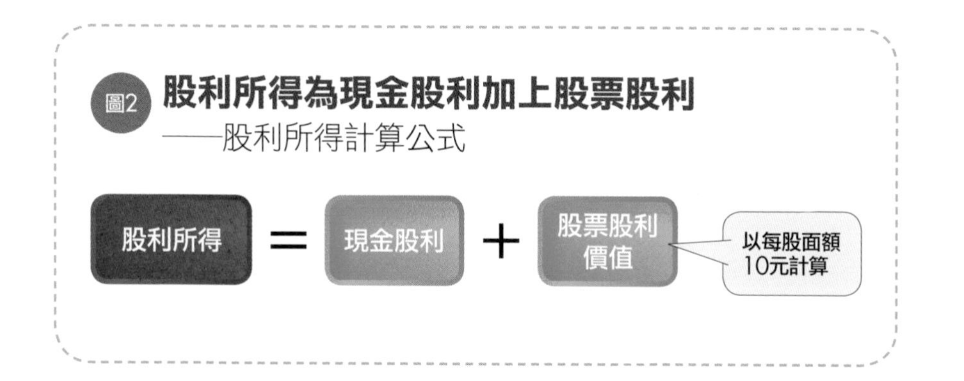

方案 1》股利所得合併計稅

「股利所得合併計稅」方案也就是將股利所得併入其他各類所得中一起申報，但是可以就股利的8.5%計算可抵減稅額（詳見圖3），而且每一申報戶最高有 8 萬元的可抵減稅額。

舉例來說，假設小華的股利所得為 30 萬元，股利所得的可抵減稅額即為 2 萬 5,500 元（30 萬元 ×8.5%）。如果股利所得成長至 100 萬元，雖然乘以 8.5% 後的金額為 8 萬 5,000 元，但是，最高仍然以 8 萬元為可抵減稅額。也就是說，股利所得在 94 萬 1,176 元（8 萬元 ÷8.5%）以下的投資人，每一塊錢的股利所得都可以抵稅。

方案 2》單一稅率分開計稅

以股利的8.5%計算可抵減稅額，上限為8萬
——可抵減稅額計算公式

可抵減稅額 ＝ 股利所得 × 8.5%

範例試算》分別以股利所得30萬元、100萬元計算可抵減稅額，金額各是多少呢？

30萬元×8.5%＝**2萬5,500元**

100萬元×8.5%＝**8萬5,000元**

可抵減稅額以8萬元為限，如果超過8萬元，仍然以8萬元計算

「單一稅率分開計稅」方案從名稱就很好理解，也就是「股利所得採用單一稅率，與其他所得分開計算所得稅」。單一稅率為28%，計算出的股利所得稅額會與其他所得計算出的應納稅額合併申報，並且一同繳納稅款。

舉例來說，假設小華的股利所得為 30 萬元，股利所得算出來的應納稅額為 8 萬 4,000 元（30 萬元 ×28%）。如果股利所得為 100 萬元，則應納稅額為 28 萬元（100 萬元 ×28%）。

納稅義務人要選擇哪種方案比較有利呢？此處先解釋綜合所得稅

表1 目前綜所稅級距共分5級，最高稅率為40%
——綜合所得稅課稅級距與累進差額

課稅級距	綜合所得淨額（元）	稅率（%）	累進差額（元）
1	540,000 以下	5	0
2	540,001 ～ 1,210,000	12	37,800
3	1,210,001 ～ 2,420,000	20	134,600
4	2,420,001 ～ 4,530,000	30	376,600
5	4,530,001 以上	40	829,600

資料來源：財政部

的基本概念。在計算綜合所得稅時，我們要先算出綜合所得淨額，接著以「綜合所得淨額」乘以「稅率」（詳見表 1），再減去「累進差額」，最後計算出「應納稅額」。

而綜合所得淨額為：「所得總額－免稅額－一般扣除額－特別扣除額」。在「一般扣除額」的項目中，納稅義務人可以選擇採用「標準扣除額」或「列舉扣除額」（詳見圖 4）。

為了方便讀者了解，我們用最單純的「一人飽、全家飽」申報戶，也就是稅籍中只有一個人，而且採用標準扣除額、同時沒有申報任何撫養等條件來進行試算，來看看股利所得在不同的狀況下，如何申報比較有利，請見下列試算。

狀況 1》小華股利所得 30 萬元、其他所得 60 萬元

股利所得合併計稅

步驟 1》計算應納所得稅額

＝（所得總額－免稅額－一般扣除額－特別扣除額）× 適用稅率－累進差額

＝（90 萬元－ 8 萬 8,000 元－ 12 萬元－ 20 萬元）×5%

＝ 2 萬 4,600 元

計算出來的綜合所得淨額為49萬2,000元，因此適用5%稅率

步驟 2》計算股利可抵減稅額

＝股利所得 ×8.5%

＝ 30 萬元 ×8.5%

＝ 2 萬 5,500 元

步驟 3》計算應納總稅額

＝ 2 萬 4,600 元－ 2 萬 5,500 元

＝ -900 元

單一稅率分開計稅

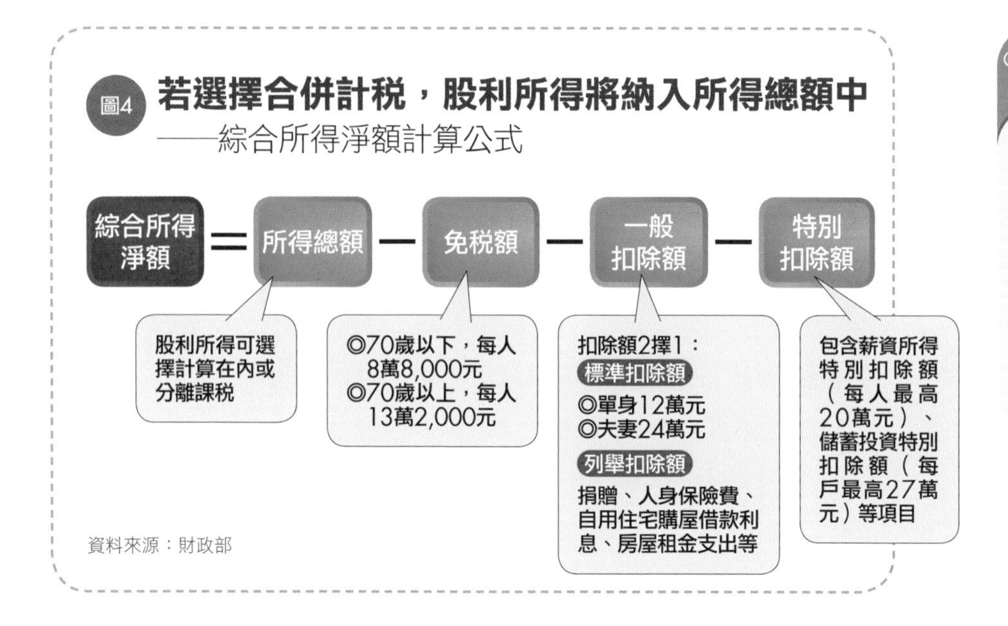

步驟 1》計算應納所得稅額

＝（所得總額－免稅額－一般扣除額－特別扣除額）× 適用稅率－累進差額

＝（60 萬元－ 8 萬 8,000 元－ 12 萬元－ 20 萬元）×5%

＝ 9,600 元

計算出來的綜合所得淨額為19萬2,000元，因此適用5%稅率

步驟 2》計算股利應納稅額

＝股利所得 ×28%

＝ 30 萬元 ×28%

＝8 萬 4,000 元

步驟 3》計算應納總稅額

＝9,600 元＋8 萬 4,000 元

＝9 萬 3,600 元

結論 小華若選擇股利所得合併計稅，可以退稅 900 元，若選擇單一稅率分開計稅，必須繳納 9 萬 3,600 元，因此小華選擇股利所得合併計稅比較有利。

狀況 2》小華股利所得 100 萬元、其他所得 600 萬元

股利所得合併計稅

步驟 1》計算應納所得稅額

＝（所得總額－免稅額－一般扣除額－特別扣除額）× 適用稅率－累進差額

＝（700 萬元－8 萬 8,000 元－12 萬元－20 萬元）×40%－82 萬 9,600 元

＝180 萬 7,200 元

計算出來的綜合所得淨額為659萬2,000元，因此適用40%稅率

步驟 2》計算股利可抵減稅額

＝股利所得 ×8.5%

＝100萬元×8.5%

＝8萬5,000元

最高只可抵減8萬元

步驟3》計算應納總稅額

＝180萬7,200元－8萬元

＝172萬7,200元

單一稅率分開計稅

步驟1》計算應納所得稅額

＝（所得總額－免稅額－一般扣除額－特別扣除額）×適用稅率－累進差額

＝（600萬元－8萬8,000元－12萬元－20萬元）×40%－82萬9,600元

＝140萬7,200元

計算出來的綜合所得淨額為559萬2,000元，因此適用40%稅率

步驟2》計算股利應納稅額

＝股利所得×28%

＝100萬元×28%

＝28萬元

步驟3》計算應納總稅額

＝ 140 萬 7,200 元＋ 28 萬元

＝ 168 萬 7,200 元

結論 小華若選擇股利所得合併計稅，應繳納 172 萬 7,200 元，若選擇單一稅率分開計稅，應繳納 168 萬 7,200 元，因此小華選擇單一稅率分開計稅較有利。

從試算得知，基本上，納稅義務人若是適用 5%、12%、20% 的稅率，選擇股利所得合併計稅較為有利，因為選擇分開計稅，用單一稅率 28% 計算股利所得，將會拉高平均適用的稅率。

反過來說，納稅義務人若是申報時綜合所得稅時適用 30%、40% 的稅率，選擇股利所得分開計稅較為有利，等於領到的股利都是以 28% 計算股利所得稅。

不過，每一位申報戶的收入結構都不同，最終應該選擇哪一種方案，建議還是動手試算看看，才能確定何者比較有利。

此外，補充一點，如果投資人領到的股利來源為「KY 股」，所領取到的股利即屬於「海外所得」，因此不需要繳納股利所得稅，而且就算單次領取達 2 萬元也免繳二代健保補充保費。

若單筆股利達2萬，就要繳1.91%的補充保費
——補充保費計算公式

補充保費 ＝ **單次給付股利金額** × 1.91%

範例試算》假設投資人單次領取股利金額為3萬元，需要繳納多少補充保費呢？

3萬元×1.91%＝**573元**

註：單次給付股利金額達 2 萬元才需要課稅

補充保費》單筆股利達2萬元就要徵收

當零股累積得愈來愈多，股利所得也就愈來愈高，只要單次領取金額達 2 萬元，就需要繳納 1.91% 的補充保費，計算公式為：單次給付股利金額 ×1.91%（詳見圖 5）。例如：領取金額為 3 萬元，則需要繳納 573 元的補充保費。

如果需要繳納補充保費，通常會由股利發放公司先行代扣，也就是說，以上述的案例來看，未計入股利匯款手續費的狀況下，投資人實際會拿到 2 萬 9,427 元的股利。

股利發放通知書上會明列應繳補充保費金額
——以2019年德麥股利發放明細為例

第三聯

德麥食品股份有限公司一〇八 年現金股利發放通知書暨領取單　Q2

類別：

股東戶號		郵/匯費(H)	10元	外僑專用 扣繳率	********%
股東戶名		實發股利 (D-H-J-O)	20,674元	應扣繳稅額 J=(E+G)X扣繳率	********元
基準日持有股數	1,917股			實繳稅額	********元
每股分配金額 A=(B+C)	11元				
每股盈餘配發 (B)	11元	補充保費專區 股票股利總額 (L)	0元	發放日期	108年08月08日
每股公積配發 (C)	*******元	現金股利總額 (M)	21,087元		
應發股利 D=(E+F)	21,087元	應繳補充保費 N=(L+M)XP	403元	原留印鑑	本通知書僅供參考，不需寄回。
盈餘股利 (E)	21,087元	代扣補充保費 (O)	403元		
資本公積股利 (F)	********元	扣費率 (P)	1.91%		
資本公積課稅所得 (G)	********元				
☑匯款銀行帳號					
□郵寄支票		□其他			

不過，投資人若收到股利發放通知書，上面都會幫股東計算好應該繳納的補充保費，而且因為已經代扣，所以不需煩惱何時申報、何時要繳納。

順帶一提，像是元大台灣 50（0050）每半年配息 1 次、台積電（2330）每季配息 1 次，都能降低單次領取的股利金額，就算全年領取加總達 2 萬元，也不用繳納補充保費，因為補充保費是以「單次領取」為原則，對存股族來說是一大福音。

抓準出場時機
獲利入袋

6-1 3時機出脫零股 讓投資發揮最大價值

前面幾章已經告訴大家，該如何挑選優質的零股，接著，再來看看存零股的出場判斷。

我們在前面 3-1 有提到，存零股是為了善用複利的效果，那麼究竟該怎麼做，才能達到最佳的複利效果呢？股神巴菲特（Warren Buffett）的合夥人查理．蒙格（Charles Munger）在《窮查理的普通常識：巴菲特 50 年智慧合夥人查理．蒙格的人生哲學》一書裡，引述了愛因斯坦的話時提到，「複利是世界第八大奇蹟，不到必要的時候，別去打斷它。」對於存零股來說也是一樣，若非必要，千萬不要打斷它，也就是不要將積攢已久的零股隨便賣出。

投資人可以把存下來的零股想像成是一隻會不斷下蛋的金雞母，牠每年都會固定生出金雞蛋（股利或配息），只要好好地飼養，就能夠得到源源不絕的金雞蛋。不僅如此，隨著時間的流逝，金雞母

投資人可依人生規畫，自行設定短中長期目標——賣出零股的時機

時機	情境	做法
短期	臨時急需用錢	思考是否一定得將零股賣出？如果勢在必行，再思考該怎麼做才能賣出好價格
中期	設定的目標已經達成	在設定時限前開始布局，將手中股票湊成整張再分批賣出
長期	已經達到退休目標	依據個人需求，可以將資金轉到月配息或風險較低的資產

會愈養愈大隻，而所生出的金雞蛋也會愈來愈大顆。將零股出脫就好比把金雞母拿去市場上賣掉，雖然可以在短期內得到一筆資金，但是，從此以後再也得不到任何一顆金雞蛋。因此，最好的做法是，平時用心飼養這隻金雞母，讓牠能愈長愈大，生出又多、又大的金雞蛋。

至於什麼樣的情況才得要將零股賣出呢？一般來說，可以分成短期、中期和長期 3 種情況（詳見表 1）：短期是當你臨時急需用錢；中期是你設定的目標已經達成（例如：3 年存到 30 萬元的購車頭期款、5 年內存到 50 萬元的出國留學基金等）；長期是你累積的資金達到一定的數目（例如：1,000 萬元），可以開始執行退休規畫，詳細內容分別介紹如下：

短期》優先賣出低殖利率的股票

俗話說，「天有不測風雲，人有旦夕禍福。」雖然我們希望持有零股的時間愈長愈好，但是，總會有意外的狀況，逼得我們臨時需要一筆錢，例如：手機突然死機，需要換一支新的，或是機車突然故障，需要修理等等。而當我們急需用錢時，首先要思考的問題是，「究竟該不該賣掉零股呢？」

其實，我們手上並非只有賣零股這一個選項，還有現金、活存等資產可以動用，此外，我們也可以透過向父母借錢、將定期存款解約等方式來得到資金。因此，在面對急需用錢時，我們應該要先判斷，是否可以透過其他方式籌措資金。如果有的話，就應該盡量將賣零股的選項放到最後，讓複利的效果能持續下去，如此一來，才能創造源源不絕的現金流。

舉例來說，以送貨為生的圓圓，騎了多年的機車突然故障，送去機車行修理，結果老闆說這輛車太過老舊，已經無法修復。為了能繼續工作，圓圓需要買一輛新車代步，需要 7 萬元的資金。在這種

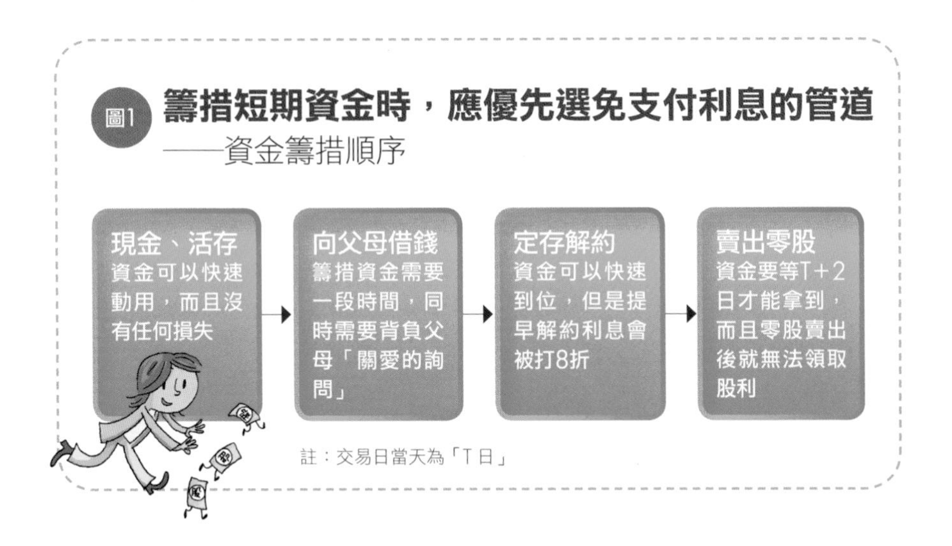

情況下，圓圓可以優先盤點手邊的現金、活存，甚至向父母借錢，將不必支付利息的方式列為優先考量。如果還是不夠的話，還可以考慮將定期存款解約。只有當上述這些方法都無法湊齊需要的金額時，最後才考慮將零股賣出（詳見圖 1）。

在全盤考慮後，如果發現勢必得將零股賣出的話，此時應該考慮的問題是，要怎麼賣才能取得最大的利益？因為存零股可以提供長期穩健的報酬，所以股利的多寡、殖利率的高低是決定是否買進標的最主要的判斷依據。也就是說，股利愈多、殖利率愈高的標的，所能帶來的現金流就愈多。因此，假設手上同時有多檔零股時，可以優先考慮賣出殖利率較低的股票，留下殖利率較高的股票。

零股成交價與個股收盤價約差正負0.2元——以統一（1216）最近5個交易日為例

日期	個股收盤價（元）	零股成交價（元）	價差（元）
2019.10.24（四）	74.2	74.3	0.1
2019.10.25（五）	74.1	74.3	0.2
2019.10.28（一）	75.2	75.0	-0.2
2019.10.29（二）	75.8	75.6	-0.2
2019.10.30（三）	75.7	75.8	0.1

註：1. 統計時間至 2019.10.30；2. 價差＝零股成交價—個股收盤價
資料來源：台灣證券交易所

至於該怎麼賣才最划算呢？如果是非常急需用錢的話，那麼掛跌停價賣出是最好的方式，只要當天該檔零股有買賣，而且數量足夠，就一定會成交。如果只是需要用錢，不過時間上沒那麼急迫的話，我們可以想辦法找出較佳的賣價，例如：參考個股前幾個交易日的「收盤價」與「零股成交價」的關係，來判斷委賣價位，以提高成交機率。

以食品股統一（1216）為例，觀察公司最近 5 個交易日（2019.10.24 ～ 2019.10.30）的收盤價與零股成交價可以發現，零股成交價和個股收盤價大約相差正負 0.2 元。由於賣出零股

零股的最佳賣價，是參考當天個股的揭示買價
——零股掛單賣出方式

時間壓力	零股掛單方式
非常急迫	掛跌停價
不太急迫	1. 參考個股最近幾個交易日「收盤價」與「零股成交行情」的關係 2. 於當天零股收盤前 5 分鐘，參考最佳 1 檔揭示買價，價格每 30 秒會重新試算一次

時，是以集合競價的方式一次撮合成交，通常掛單價格愈低，成交機率愈高，因此，為了保險起見，投資人可以將統一的零股賣出價格，訂在比當天個股收盤價低 0.2 元的價位，以提高成交機率（詳見表 2）。

至於是否有更準確的掛單方式呢？答案是有的。投資人可以於當天零股收盤前 5 分鐘，也就是下午 2 點 25 分至 2 點 30 分之間，進入「基本市況報導網站」，觀察該檔零股的最佳 1 檔的揭示買價與揭示賣價，價格會每 30 秒重新試算一次（詳見表 3）。

由於揭示買價是買方願意出的最高價格、揭示賣價是賣方願意出的最低價格，只有當買賣雙方價格趨於一致時才會成交，因此，為了提高成交機率，投資人可以將揭示買價設為零股的賣出價格（零股最佳 1 檔揭示買賣價的查詢方式，詳見 1-4 圖解教學）。例如：2019 年 10 月 30 日下午 2 點 25 分時，統一的揭示買價為 75.8 元，揭示賣價為 75.9 元，此時，我們可以將賣出價格設為 75.8 元。而當天統一的零股成交價的確落在 75.8 元，與預期一致。

中期》將零股湊成整張後賣出

當投資人達成設定的目標時，例如：3 年存到 30 萬元的購車頭期款、5 年內存到 50 萬元的出國留學基金等，也可以將零股賣出。在此情況下，因為我們已經設定好賣出的時間，所以可以提前幾個月開始布局，以便賣出一個好價錢，而不是在迫不得已的情況下，將零股匆匆賣出。

因為零股的流動性較差，所以常有可能發生賣不掉的情況（例如掛單要賣 500 股，最後只成交 200 股），再加上目前零股交易只能在盤後統一撮合，而且只有單一價格，因此，如果可以的話，最好是將零股湊成整股後，在現貨市場進行賣出。這種做法除了成交機率比較大之外，也有機會獲得比較好的價格。

同樣以統一為例，2019 年 10 月 30 日的零股成交價是 75.8 元，

表4 **湊成整股賣出，不但成交機率高且價格也較佳**
——統一（1216）零股與整股差異

項目	零股	整股
交易時間	13：40～14：30	09：00～13：30
成交價格（元）	75.8	75.3～76.1
成交股數（股）	8,988	9,526,000（9,526張）
成交筆數（筆）	96	3,680

註：統計時間為2019.10.30　資料來源：台灣證券交易所

成交筆數為96筆。可是，如果是在現貨市場交易的話，除了成交數量高（有3,680筆，共9,526張）之外，盤中股價最高還來到76.1元，等於1股的價格就相差了0.3元，因此，最好是將零股湊成整股再來販售（詳見表4）。

我們可以在設定的目標期限快到時（例如：提前3個月），開始盤算手中的持股，看看需要多少零股才能湊滿整張。等到將零股都湊成整股後就停止買進，在時間更接近預定目標時（例如：前1個月），再開始分批逢高賣出。

舉例來説，如果投資人在2019年11月設定2年內要存到30

萬元的購車頭期款，在 2021 年 7 月底就可以開始留意手中還有多少持股是零股。由於 1 張股票是 1,000 股，因此，當手中零股已有 957 股時，只需要再買 43 股就能湊成 1 張股票，等湊齊後就停止進場。接著，等到 2021 年 9 月底時，就可以開始留意股價，一旦發現價格較高時就能分批出脫。

長期》資金轉往低風險資產或月配息基金

除了前述兩種情況之外，賣出零股的最後一種可能就是我們已經達到退休目標，例如 1,000 萬元，要開始準備規畫退休生活，此時也可以考慮調整資產配置。

雖然我們選擇的都是會配息的股票，但是，只要是投資就一定會有風險，而且股票大多是每年配息 1 次，與退休生活所需要的、每個月都有的現金流不相符。因此，投資人可以依照個人的財務規畫，將部分資金轉到風險較低的資產或月配型的商品，例如：年金險、債券基金或債券 ETF 等，藉由資產配置達到分散風險與每個月都能獲得現金流的目標。

國家圖書館出版品預行編目資料

人人都能學會靠零股存千萬全圖解 / <<Smart智富>>真.投資研究室著. -- 一版. -- 臺北市：Smart智富文化,
2019.11
面； 公分. -- (人人都能學會)
ISBN 978-986-98244-3-9(平裝)

1.股票投資 2.投資技術 3.投資分析

563.53 108018772

Smart智富

人人都能學會靠零股存千萬 全圖解

作者 《Smart智富》真·投資研究室
企畫 林帝佑、林晴揚、周明欣、鄭 杰、蔡名傑

商周集團
執行長 郭奕伶
總經理 朱紀中

Smart智富
社長 林正峰（兼總編輯）
總監 楊巧鈴
編輯 邱慧真、施茵曼、林禺盈、陳婕妤、陳婉庭、蔣明倫、劉鈺雯
資深主任設計 張麗珍
版面構成 林美玲、廖洲文、廖彥嘉
出版 Smart智富
地址 104台北市中山區民生東路二段141號4樓
網站 smart.businessweekly.com.tw
客戶服務專線 （02）2510-8888
客戶服務傳真 （02）2503-5868
發行 英屬蓋曼群島商家庭傳媒股份有限公司城邦分公司

製版印刷 科樂印刷事業股份有限公司
初版一刷 2019年11月
初版六刷 2024年01月

ISBN 978-986-98244-3-9

定價249元

Smart 智富 讀者服務卡

WBSM0014A1
《人人都能學會靠零股存千萬全圖解》

為了提供您更優質的服務，《Smart 智富》會不定期提供您最新的出版訊息、優惠通知及活動消息。請您提起筆來，馬上填寫本回函！填寫完畢後，免貼郵票，請直接寄回本公司或傳真回覆。Smart 傳真專線：（02）2500-1956

1. 您若同意 Smart 智富透過電子郵件，提供最新的活動訊息與出版品介紹，請留下
   電子郵件信箱：＿＿＿＿＿＿＿＿＿＿

2. 您購買本書的地點為：□超商，例：7-11、全家
   □連鎖書店，例：金石堂、誠品
   □網路書店，例：博客來、金石堂網路書店
   □量販店，例：家樂福、大潤發、愛買
   □一般書店

3. 您最常閱讀 Smart 智富哪一種出版品？
   □ Smart 智富月刊（每月 1 日出刊）　□ Smart 叢書　□ Smart DVD

4. 您有參加過 Smart 智富的實體活動課程嗎？　□有參加　□沒興趣　□考慮中
   或對課程活動有任何建議或需要改進事宜：

5. 您希望加強對何種投資理財工具做更深入的了解？
   □現股交易　□當沖　□期貨　□權證　□選擇權　□房地產
   □海外基金　□國內基金　□其他：＿＿＿＿＿＿＿＿＿＿

6. 對本書內容、編排或其他產品、活動，有需要改善的事項，歡迎告訴我們，如希望 Smart 提供其他新的服務，也請讓我們知道：

您的基本資料：（請詳細填寫下列基本資料，本刊對個人資料均予保密，謝謝）

姓名：＿＿＿＿＿＿＿＿　性別：□男　□女

出生年份：＿＿＿＿＿＿＿＿　聯絡電話：＿＿＿＿＿＿＿＿

通訊地址：＿＿＿＿＿＿＿＿＿＿

從事產業：□軍人　□公教　□農業　□傳產業　□科技業　□服務業　□自營商　□家管

您也可以掃描右方 QR Code、回傳電子表單，提供您寶貴的意見。

想知道 Smart 智富各項課程最新消息，快加入 Smart 課程好學 Line@。

LINE@

●填寫完畢後請沿著右側的虛線撕下。

廣 告 回 函
台灣北區郵政管理局登記證
台北廣字第 000791 號
免 貼 郵 票

104 台北市民生東路 2 段 141 號 4 樓

行銷部 收

●請沿著虛線對摺，謝謝。

●填寫完畢後請沿著左側的虛線撕下。

書號：WBSM0014A1
書名：**人人都能學會靠零股存千萬全圖解**